ヴァレリオ・オルジャティ講演録

皆さんに四件のプロジェクトを見ていただこうと思います。そのうちの三件は実際に建設されたもので、もう一つは設計競技のためのプロジェクトです。それに続いてお見せする視覚的イメージのコレクションは、図像学的自伝と呼んでいるものです。これは私自身の建築についての個人的背景を説明しようとする試みです。まずは、一枚目の写真から始めたいのですが、皆さん、照明を落としてもよろしいでしょうか。では、スイッチを切ってください。

スイス連邦工科大学チューリッヒ校で開かれた私の作品展での展示風景の写真から始めましょう。ご覧い
だく白色の模型は、いずれも33分の1という同一の縮尺で作られています。敷地環境などのコンテクストは
からない状態です。建物は根こそぎに引き抜かれた樹木のように地面から切り離されています。この写真
最初に見ていただくのは、コンテクストへの応答を第一義的なものとしない建築を作ることが可能である
考えているからです。過去二十年に渡って、コンテクストとの関係性を問題とすることが不可欠の義務と
り、すべてに優先される倫理的な姿勢としてあらゆるプロジェクトの根底に据えられるようになりました。
建築家は建築をただ単にそれを取り巻く環境に対する反応として構想すべきであるという考え方です。け
ども、ある一つのアイデアから、一つの考えから構想された建築というものもありえるし、また、その際
アイデアは原則的にコンテクストとは一切無関係であってもいいのではないかと思っています。歴史上の
例として寺院や教会などをいくつも挙げることができます。あるいは、家畜小屋です。家畜小屋は大体に
いてコンテクストとは無関係に建てられていますが、それにもかかわらず多くが素晴らしく美しい建物
す。一つのアイデアから誕生した建物、コンテクストや経済性などの条件、技術や機能上の条件に対応す
ことを第一義としていない建物。それは不可能ではありません。それどころか、一つのアイデアから立案
ること、そして、この時代の文化的なインテリジェンスに応えることができる建物を生み出すこと、この
うなことこそが今日まさに必要とされているのだと考えています。

さて、第一のプロジェクトをご覧ください。これはツェルネッツにあるスイスナショナルパークセンターです。ほとんどコンクリートのかたまりのような建物です。この写真はその窓の部分のクローズアップです。

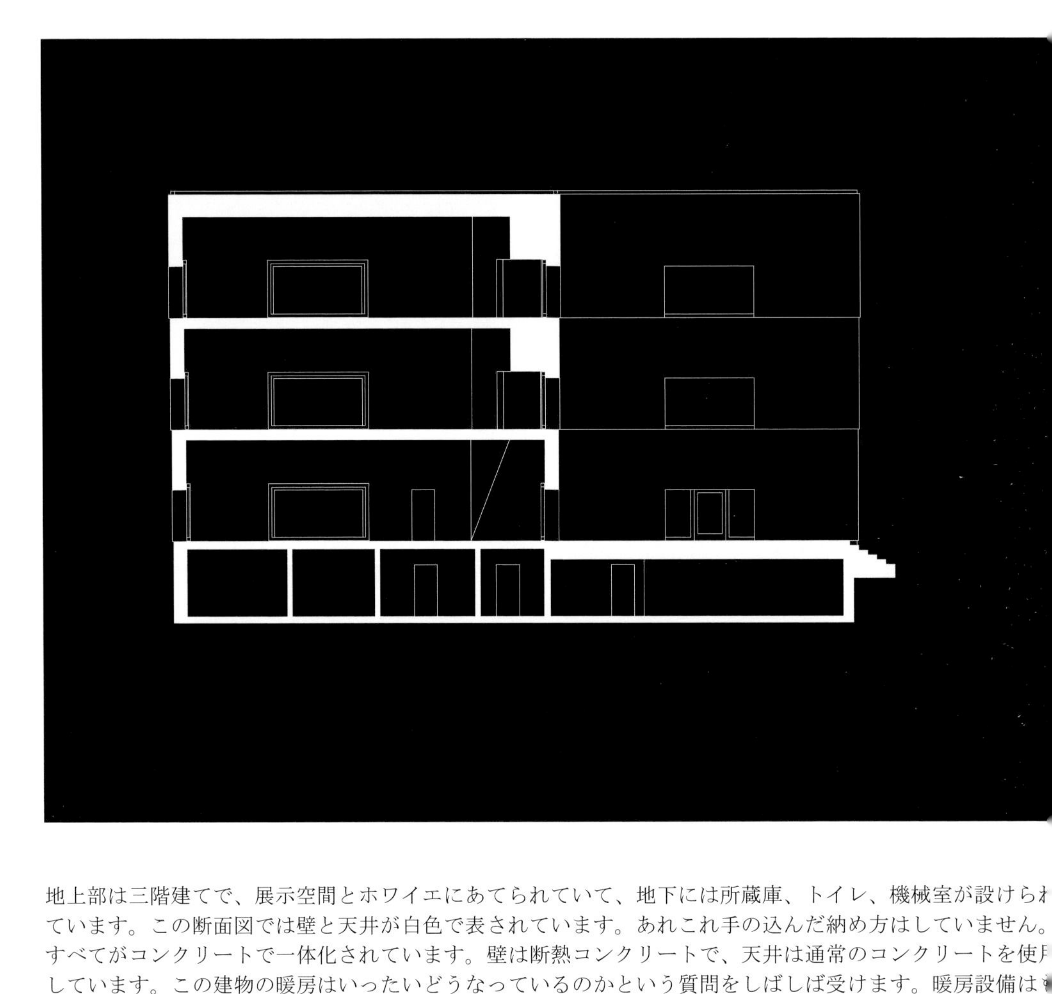

地上部は三階建てで、展示空間とホワイエにあてられていて、地下には所蔵庫、トイレ、機械室が設けられています。この断面図では壁と天井が白色で表されています。あれこれ手の込んだ納め方はしていません。すべてがコンクリートで一体化されています。壁は断熱コンクリートで、天井は通常のコンクリートを使用しています。この建物の暖房はいったいどうなっているのかという質問をしばしば受けます。暖房設備はもとより、空気管理装置付きの換気設備、美術館用照明機器、無線コンピュータシステムなどが備え付けられています。この建物は現代美術館としても十分にその役を果たすものです。しかしながら、いずれのディテールもまったく目に付くものではなく、建物の設備的機能は具体的な形としては表現されていません。

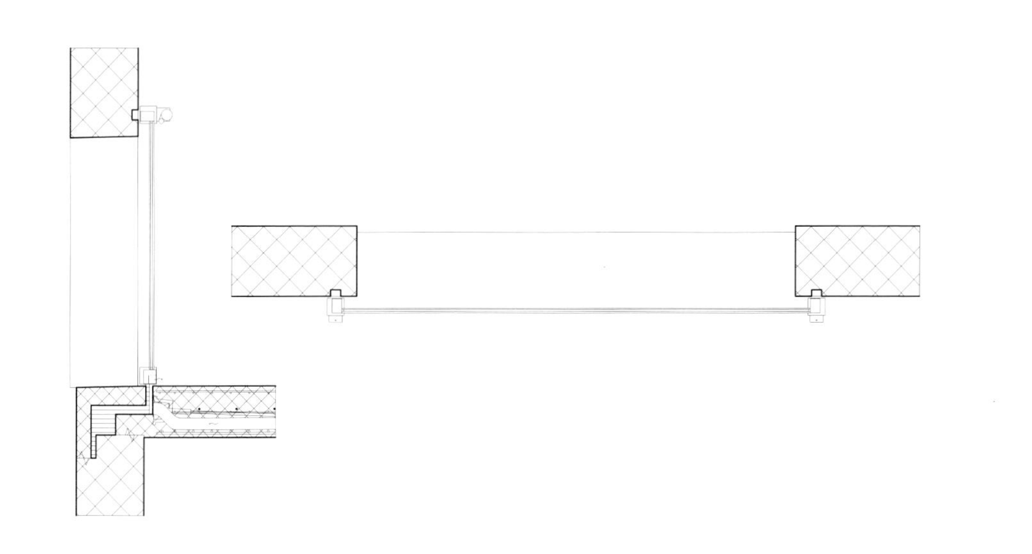

次はディテールの断面図と平面図です。壁の厚みは55センチで、その室内側に断熱構造の金属とガラスの窓枠が据えられています。念のために申し上げますと、この平面図は上が外部となっています。外から内部を見た場合には、窓枠は外壁の開口部分よりもやや大きいので見えなくなっています。窓枠が外壁と接している箇所には絶縁された小さな空隙が設けられていて、それによって外壁を伝わって逃げる熱の移動距離が長くなることでエネルギー効率が高められています。断面図からは、天井の内部にある換気配管やテンションケーブル、コンピュータシステム、暖房装置などの状態がご理解いただけると思います。この建物のディテールについては、これですべてご説明したことになります。この建物全体が、継ぎ目もなくシリコンも使用していない、一つのまとまった塊になるようにコンクリートで成形されています。

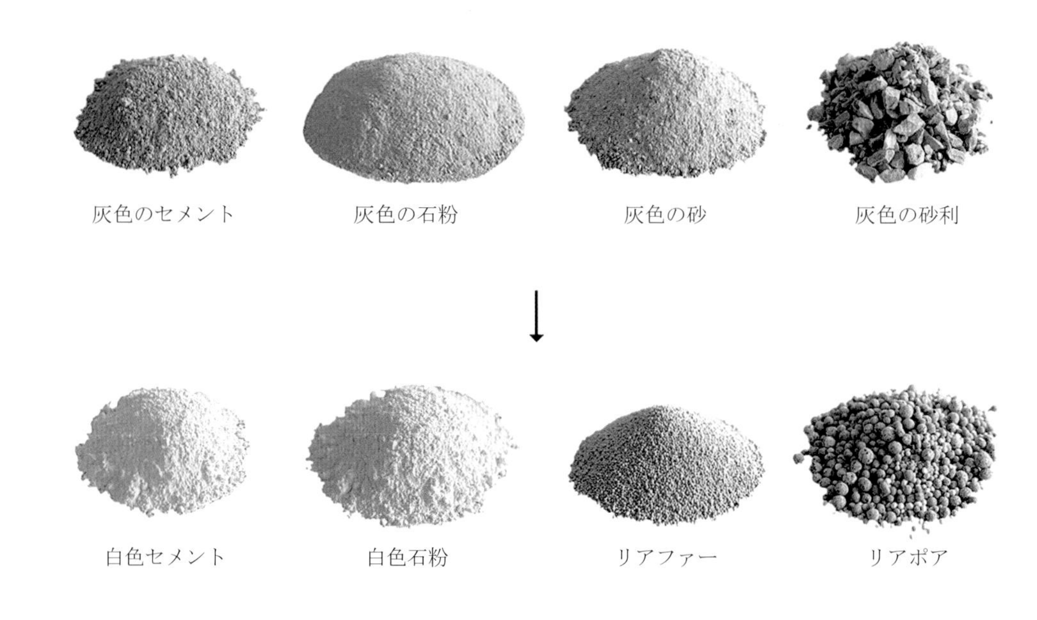

コンクリートの混合成分をご覧ください。コンクリートは通常、灰色のセメントと灰色の骨材が配合されています。その骨材の種類をさらに細かく分類すると、灰色の石粉、灰色の砂、灰色の砂利などになります。この建物の場合は、これら四種類の成分のうち灰色のセメントを白色セメントに、灰色の石粉を白色石粉に置き換えています。灰色の砂の代わりにリアファーという名称の粒状の発泡ガラスを使っています。そして、灰色の砂利はリアポアに置き換えています。これは空隙の多い球状の焼成粘土ペレットです。このような混合物で壁はできています。55センチという外壁の厚みは、今日求められているエネルギー消費量についての配慮の点からも十分なものといえます。

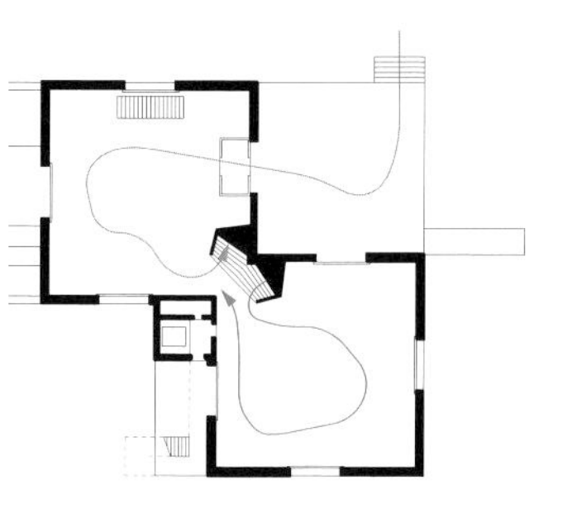

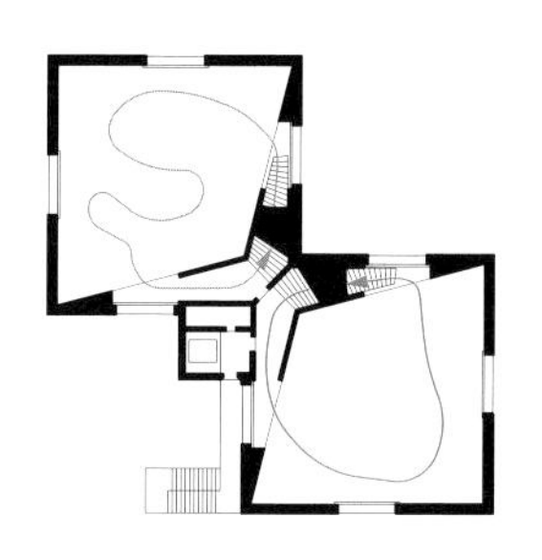

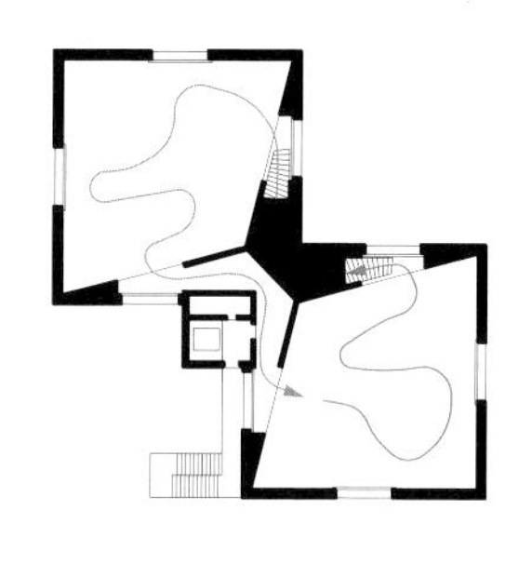

左側は地上階です。中央が二階で、右側が三階です。建物は、平面図では二つの正方形が組み合わされた形で、三次元的に見た場合は二つの立方体の一辺が重なり合った状態になっています。このプロジェクトのためうに設計競技が行われて、私たちが勝ったわけですが、この時に気がついたのは、主催者側の出したプログラムはかなり複雑なものでしたが、そのすべてを六つの同じ大きさの空間に納めることができるのではないかということでした。こういった考えをもとにしたので、パズルのように、大きさの異なるいくつものブロックで構成する建物を計画から除外しました。そのような方向では必要なブロックが欠けてしまったり、何の役にもたたず見た目の悪い無駄な空間が残ってしまうなど、次から次へと問題が生じたはずです。六つの同一空間で対応可能であるということが考えのベースでした。このことをプロジェクトに前もってプログラムされていた遺伝情報と捉えることもできるでしょう。この図面を使って、建物の内部を巡回するかたちでご説明をしたいと思います。オレンジ色の線は建物内を上に昇っていく道筋を示していて、緑色の線は下降する道筋を示しています。道路面よりも一段高くなったプラットホームに上がり、そこからホワイエに入ると、階段に突き当たります。この階段は二つに分かれていて、左右どちらにも上がることができます。二階に上がると、四つの開口部のうちの一つを通って第一の空間に入ります。ここからは同じ道筋の繰り返しになります。つまり、別の開口部を通ってこの空間から出て、次の階段を上がり、三階に昇ると、二階で通ったのとまったく同一形状の空間に入ることとなります。この空間からの出方もまったく同様です。ただし、今回は階段に向かうのではなく、廊下を通り抜けて次の展示空間に入ります。ここも、通ってきた二つの空間とまったく変わりがありません。ここから、昇ってきたときと同じシステムで下に降り、最初にスタートした階段のところに帰り着くことになります。つまり、二階と三階で四回、同じ形をした空間を通り抜けます。入口のある一階の空間システムも、ただ仕切り壁がないだけでまったく同様です。繰り返しによる迷宮のようなシステムで、どの空間にも東西南北のそれぞれに向いた窓が一つずつ設けられています。

ホワイエのある一階です。

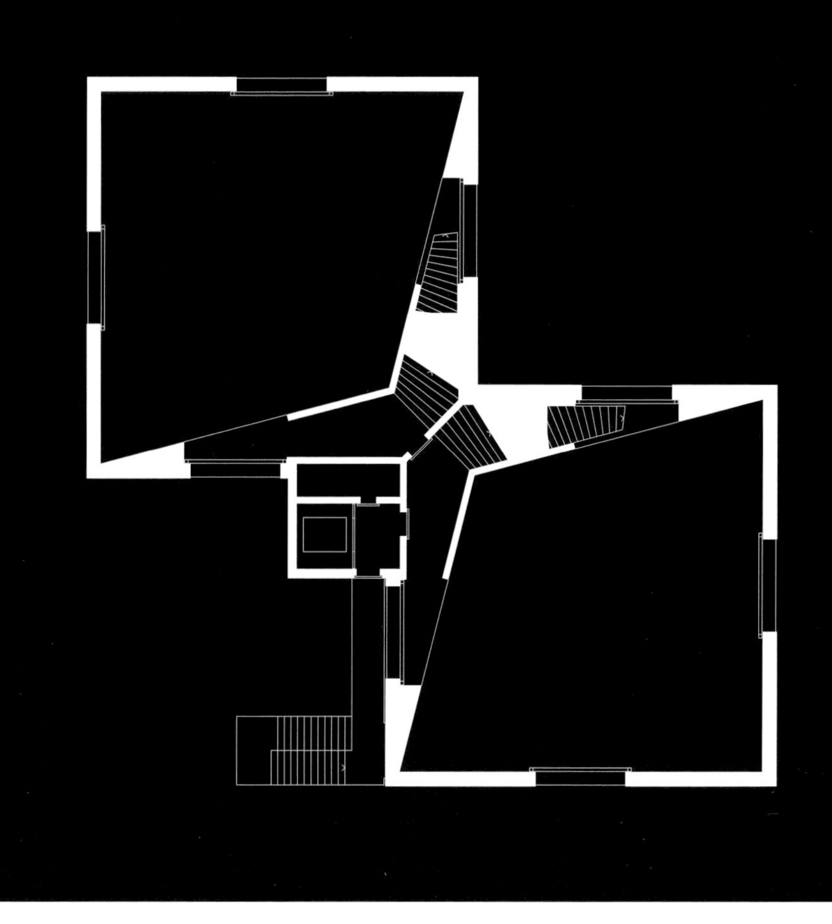

二階を見ていただくと、メインの空間の様子がおわかりいただけます。原則的には正方形の基本形態を持った空間として体験されるものですが、どことなく歪みも感じられます。空間がわずかに動いているような感じです。どの空間からも東西南北の各方向を眺めることができます。

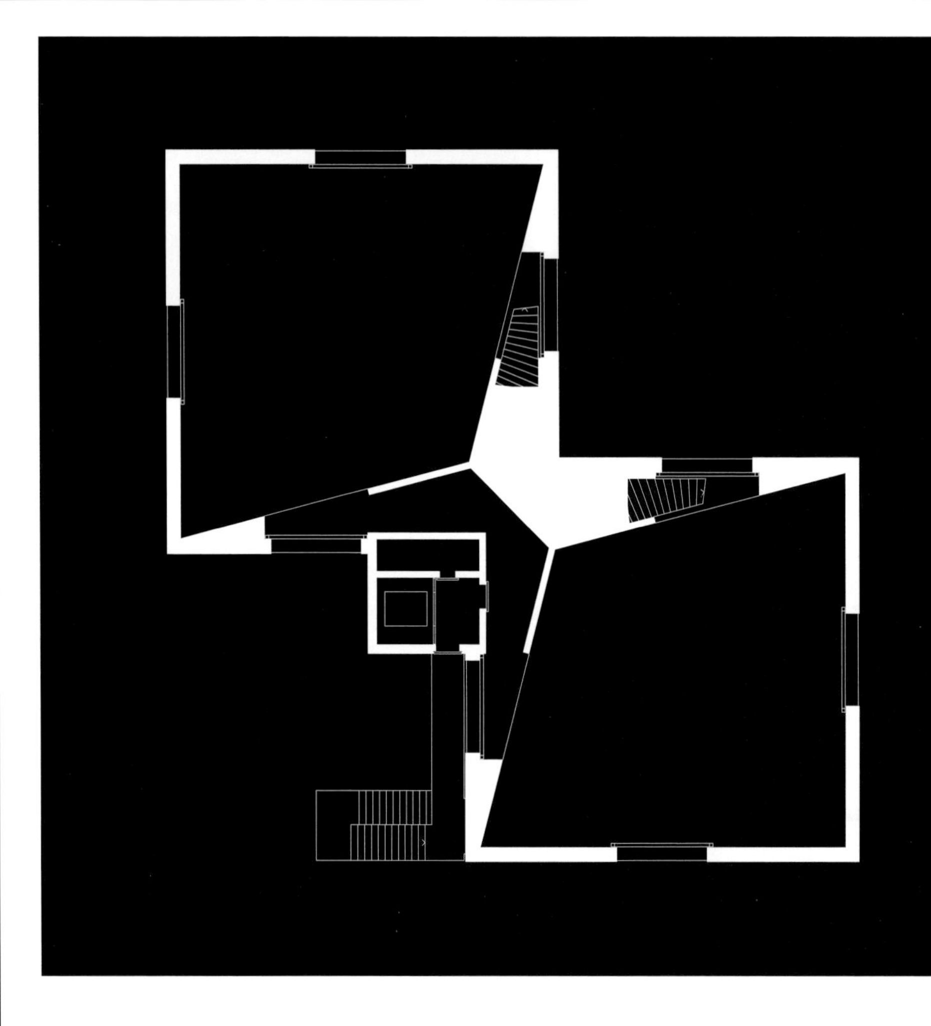

三階の空間は二階のものとまったく同一です。それぞれの空間の大きさはおよそ170平方メートルから180平方メートルで、一つのフロア全体の面積は約400平方メートルです。

建物は基壇の上に乗っていて、はっきりと三層に分けられています。窓枠は後退しているので見えません。コンクリートのシェルといった外観です。階層ごとのわずかな張り出しは、内部の空間がどのように構成されているのかを暗示しています。

すべてが単一の素材からできています。ほぼ純白ともいえるコンクリートで継ぎ目なく打設されています。床は研磨してから小叩きで仕上げています。窓枠や手すりはブロンズ製です。

入口は低く、高さが1.9メートルしかないので壁を通り抜けるというような印象が強調されます。壁を貫いて
別世界の建物の内部に入り込むというわけです。窓の背がきわめて低いということもあって、室内の真ん中
に立っているととても内省的な気分となります。けれども、中心から離れて窓際や部屋の隅へと移動するに
つれて、だんだんと空間が開けていきます。

床には現場練りコンクリートを使い、研磨仕上げをしています。研ぎ出しによって砂粒や砂利が表面に見え
ています。外壁と内部の間仕切り壁には断熱性のコンクリートを使用しています。

この二重階段は建物を一巡する起点であり、終点でもあります。どちらの方向に進むべきかと戸惑うかもしれません。左右いずれかを決めなければなりません。この時点で訪問者は考えることを余儀なくされます。どうしようかと悩むことは、つまり、この建物全体の仕組みを把握しようとするということです。ここにおいて建物についての理解が生じるわけです。外から見た場合は単純でも、内側から捉えようとすると一筋縄ではいきません。このことがまさにこの建物のアイデアなのです。二つの立方体が触れ合ったような形で、まったく同じ24の窓がある建物、それはとても単純で実感として捉えやすいものです。けれども、ひとたび建物に足を踏み入れると、迷宮のような世界のなかを辿ることとなります。内部を一巡して再び外に出てみると、建物の脈絡がさっぱりつかめていないということに気づきます。そもそもこの点を理解しようとしていたにもかかわらずです。

一つの空間を対角線に沿って撮った二枚の写真です。一枚は南向きで、もう一枚は北向きです。

一つの空間を向かい合う位置から撮ったものです。

同じフロアにある二つの展示空間で、それぞれに東向きに撮ったものです。上の写真の方が下の写真と比べて城までの距離が少し近いのがわかると思います。

段とそれに続く通路です。

通路の突き当たり右側が展示空間への入口です。

場練りコンクリートの階段です。研磨してから小叩きで仕上げています。

村のなかでの佇まいです。

後ろ側にはエレベーター室と非常階段があります。このエレベーターと非常階段は本来のシステムに含まれ
ているものではなく、内部に隠しておくこともできなかったので、後ろのファサードに押し出されていま
す。この位置から見ると、建物のなかに二重の壁や床などを設けて邪魔な要素を隠すというようなごまかし
をしていないことがご理解いただけると思います。この点は迷宮のようなものを表現する際に肝心なことで
す。本物の混乱だけが説得力を持つものだからです。そして、私にとって大事なことは、実際のアイデアが
そのままの形で残るということ、それが頭のなかにも残るということです。

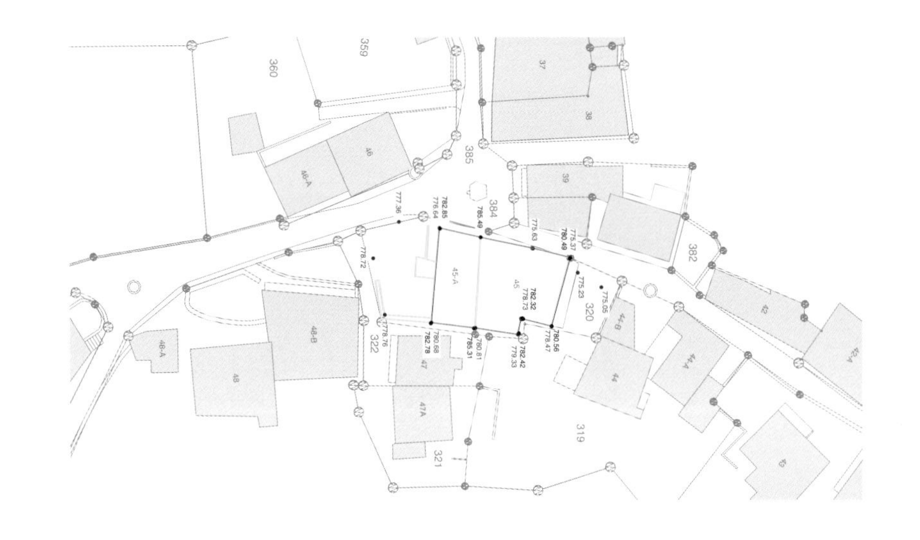

それでは、次のプロジェクトを取り上げます。施主は著名なスイスの音楽家です。彼は家族とともに、シャランスというとても美しい小さな村に住んでいます。五年ほど前に彼はこの村で家畜小屋を購入しました。この小屋を取り壊して、新たに建て替えることになりました。この土地は、村の中心部というスイスでは特に多くの建築上の規制に従うことが求められている場所にあります。そのうえ、シャランスは全国的にも注目されている村です。このプロジェクトについては三年間かけてさまざまなアイデアが練り上げられました。施主は家族とともに50メートルほど離れた古い家に住んでいます。新しい建物についての彼の希望はなかなかはっきりとしませんでした。考えるべきこととしては庭や住居、貸し部屋付きのアトリエなどがありました。私たちがプロジェクトの構想に取り組んでいる一方で、施主自身が建築局との交渉を繰り返していたのですが、プロジェクトの最初の案を提出して、認可の申請をしたところ、当局から却下されてしまいました。その理由は、このプロジェクトが多岐にわたる例外規定を求めすぎているというものでした。これを受けて、地元の代表者の方々との会合を開いたのですが、皆さん私たちの建築計画に対して好意的でした。そして、村長をはじめとする村の担当部局の人たちとの話し合いを重ねた結果、新しい解決策が出されました。これは公共空間についての地元の意向を尊重したうえで、既存の家畜小屋のボリュームをミリメートル単位で厳密に再建するというものです。このような過程を踏んで認可が下されることとなったわけです。はるか昔に農民の手で建てられた家畜小屋がプロジェクトのベースとなり、偶然の成り行きで生じた部分も含めて、すべてがそのままに再建されることになりました。黄色の線は取り壊されるものを示し、赤色の線が新しく建てられる予定の部分を示しています。二つの線が重なり合っている様子がわかると思います。

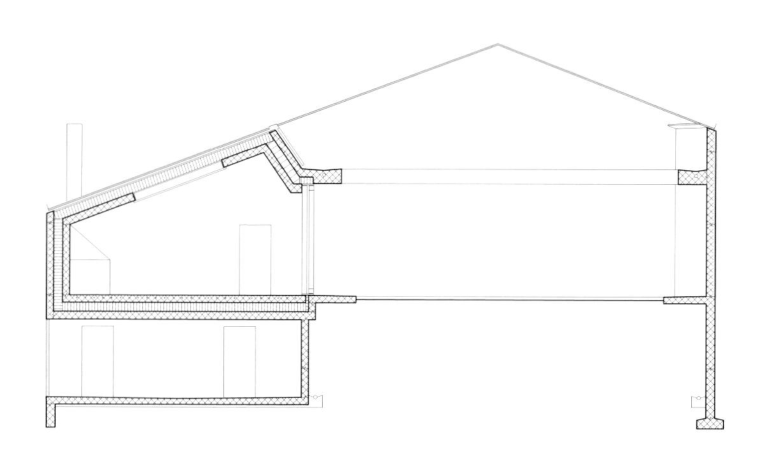

プロジェクトの断面図です。この図面でも黄色で、もともとの家畜小屋のシルエットを示しています。特に
重要なのが、切妻の形状を以前と同じように作るという点です。

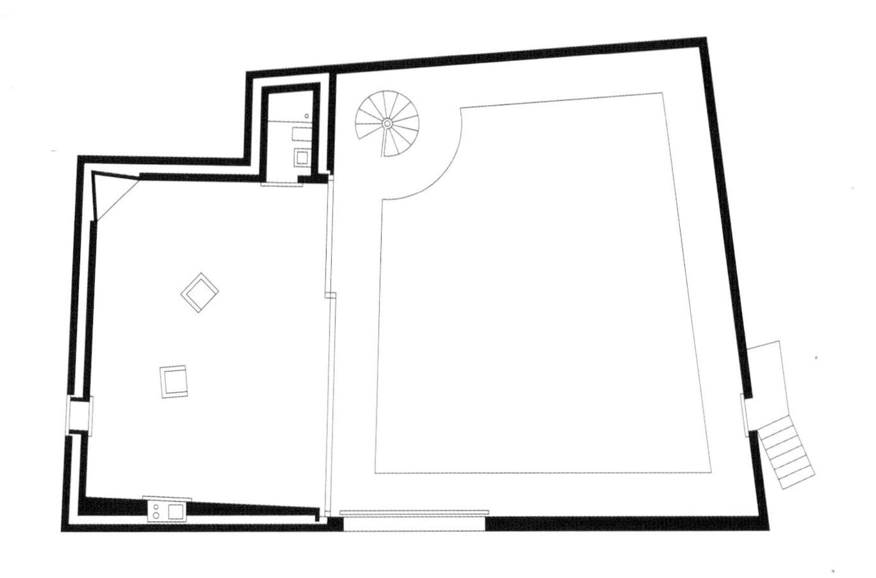

さて、皆さんにこの家の基本原則をご説明したいと思います。こうした法規的な与件のなかでも問題となっ
たのは建物の規模についてで、この大きさでは施主の予算を大幅に上回ることが予想されました。建てなけ
ればならないボリュームは極端に大きく、そのためコストが嵩みます。この点について当初は解決策が見当
たらなかったのですが、その後、暖房の必要がなく、断熱がいらない屋外空間の部分は、当然のことながら
暖房を前提とした空間と比べて格段にコストを抑えることができるのではないかということに思いいたりま
した。私のスタッフがこの点を踏まえたうえで、施主の予算にもとづいて計算をしたところ、アトリエと中
庭のあいだの仕切り壁を、実際の建物に見られるとおり、この平面図が示しているちょうどこの位置に置く
べきだという結果が出ました。中庭のスペースをかなり広く取ることで、予算のなかでまとめることが可能
になりました。施主の予算に余裕があれば、中庭はもっと小さくなったはずだということです。しかしなが
ら、偶然の結果とも言えますが、この中庭を平面図で見るとおよそ150平方メートルで、ほぼ正方形に近いプ
ロポーションの空間となっています。これは村全体の路地や広場などとの関係から見て、まさにモニュメン
タルな大きさと形です。このような量感と形態があって初めて、過去に農民が考え出したものが、絶対的な
力を宿した空間として生まれ変わることが可能になったのです。このプロジェクトが私にとって掛け替えの
ないものとなった理由の一つはこの点にあります。頭で考え出されたものと偶然のなりゆきから生まれたも
のとが突然に向き合うこととなったのです。

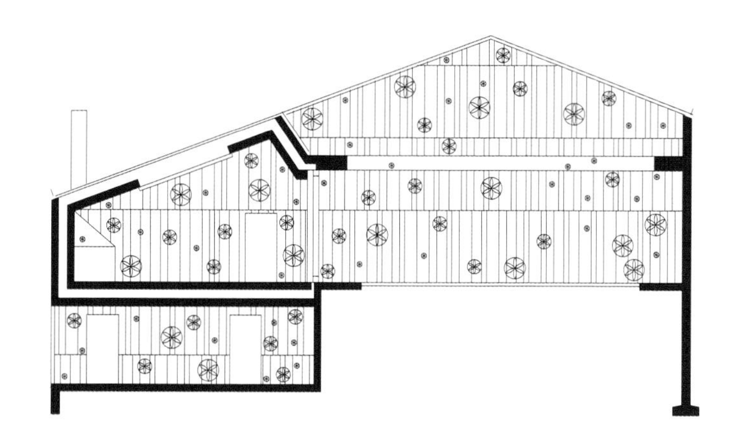

断面図の左側がこの家のなかで唯一の暖房が入った空間、65平方メートルのアトリエです。施主が執筆したり作曲したりするためのスペースです。私の友人である若い弁護士が教えてくれたのですが、建築費用についての説明を受けた際には、経済的な事情から考えても大きな中庭と暖房付きのトイレくらいしかできないのではないかと彼は嘆いていたということです。私たちが考えたのは、コンクリートで二重になったシェルシステムです。これは、まるで断熱層の内側に浮かんだかのような内部空間が、全体を包み込む外壁に嵌め込まれているというものです。家の暖房はソーラーパネルだけで補うようにし、さらに、熱回収機能のある換気ユニットを備え付けることで、エネルギー循環の面で自立させています。天井には音響効果を考えた処理を施すことで、アトリエでの録音を可能にしています。録音スタジオ設備を積んだトラックを横付けして、ケーブルを引き込みさえすればいいわけです。家全体がコンクリートでできています。図面上に見える丸い模様はロゼットです。内壁や外壁、そして、天井にもロゼットが付けられていて、その数は数百にもなります。私のプロジェクトではそのほとんどすべてでコンクリートが使われています。この材料はアイデアをそのまま成形することを可能にします。私の頭のなかのイメージを直に成形することで、建物には有機体としての性質が宿ります。この点はモジュールからなる構造物とは対照的です。

型枠用の堰板には村の周囲の森から切り出した木材を使っています。春先に伐採したスプルスを木工所でさまざまな幅の板に挽いて、乾燥させてから、プレーナーを掛けています。この写真は堰板の保管の様子です。

これはロゼットを刻んでいるところです。コンクリートを流して成形した後の表面の状態を想像してみてください。全身に刺青を入れた家という表現がとても気に入っています。この文様は農民の生活のなかでは普通に目にするものですが、上流階級や都市生活者の世界のものではありません。それをここでは引用として使っています。このロゼットはシンボルとしては普遍的なもので、ヨーロッパだけではなくアジアや南アメリカでも見ることができます。文様のなんとも拙い単純さはこの村の素朴な文化を反映しています。しかしながら、実はこのような種類のロゼットはもっぱら家具などに施されるもので、建物のファサードで見かけることはありません。というわけで、この文様を家に刻んでしまったので建物の性格が変わってしまいました。建物が家具のようになってしまったというわけです。全部で500ほどのロゼットがこの家には施されています。型枠用の堰板は三回から五回程度使い回していますので、およそ150のロゼットが刻まれたことになります。二人の職人が二ヶ月掛けて150のロゼットを手仕事で彫り上げました。輪の部分などでも型紙などは使わず、手描きで当たりをとって仕事をしています。現場練りコンクリート自体がとても手仕事的な性格を持っているので、ロゼットにCNCフライス盤を使おうとは考えませんでした。手仕事的な方法を優先したわけです。これは、求めていた表現の全体的な統一性を壊さないためにも必要なことでした。

コンクリートを赤く染め付けたファサードの様子です。赤褐色で、テラコッタの赤味に似ています。辺りが
暗くなると褐色に感じられ、太陽の下では赤味が強くなります。建物が土着性と人工性のあいだを揺れ動き
ます。

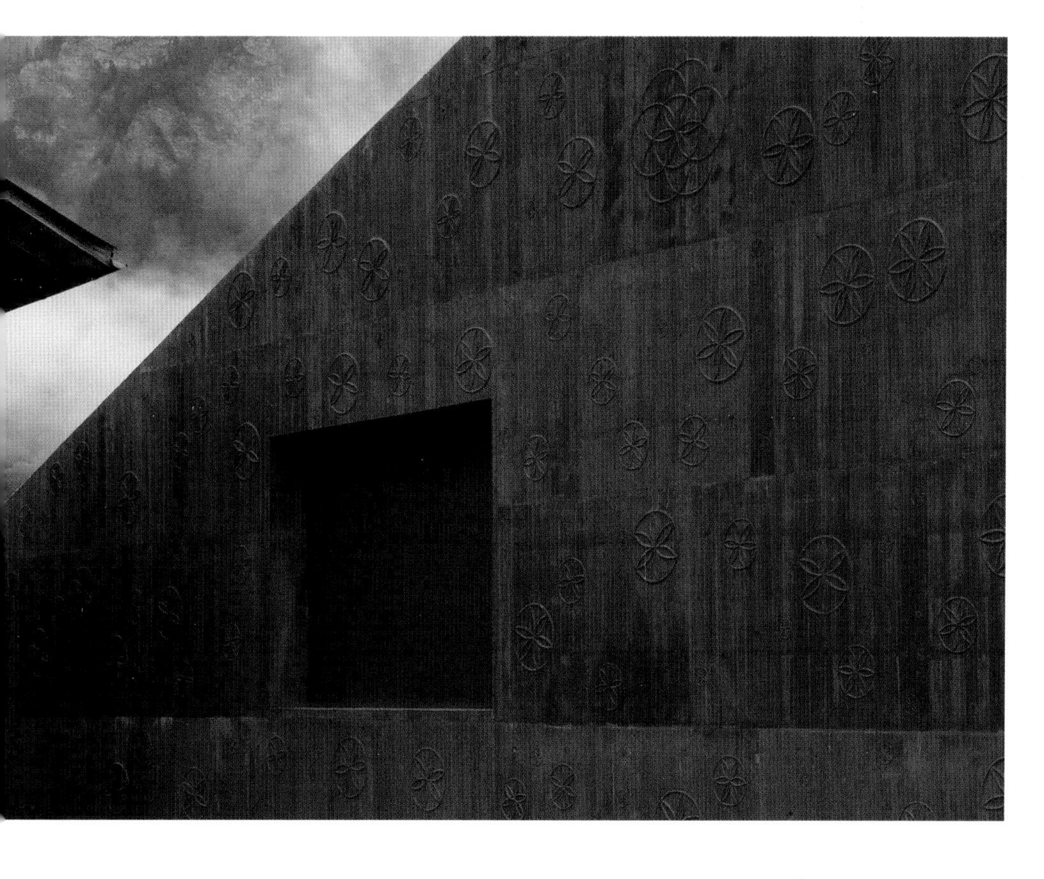

ァサードには中庭に向けて、およそ三メートル四方の大きな開口部があります。この開口部は門扉で閉じ
ることができて、空へ向けてだけ開かれている隠れ家のような空間が生まれます。

門扉が開いた状態です。

様のなかには地面に埋もれてしまっているものもありますが、実際に、基礎に触れる部分から文様が施され
います。建物というものは見る人が感じたそのままに理解されるものだと思います。文様は目に触れるとこ
にだけ施しておけばいいだろうなどという考え方は耐え難いもので、到底受け入れることができません。

中庭が見えます。左側のスライド式のガラス窓に屋根の丸い開口部が反射して映っているのがわかります。

アトリエと中庭です。スライド式の窓を開けた状態です。この窓はモーターで開閉するようになっていま
す。重さが2.5トン以上もあり、手動というわけにはいかないからです。窓枠はコンクリートの開口部よりも
大きく、また、室内から見た場合にはコンクリートの縁に隠れて見えないようになっています。このことは
開放感を高める効果を生みだしています。またこの仕組みは、鉄骨造とコンクリート造をつなぎ合わせると
いう難題から導き出されたものでもあります。打放しコンクリートに要求できる精度は最大でも1センチから
センチほどですが、それに対して鉄骨造の場合は1ミリから2ミリです。これら二種類の技術を正確に隙間な
すり合わせることは不可能です。通常このような接合部には、幅も広く見た目の悪いシリコンの継ぎ目が
生じてしまいますが、私たちの建物の場合は、コンクリートの構造と、それとは精度のレベルが異なった構
造が幾何学的にはっきりと切り離されています。

中庭の上に円形の開口部があるのがおわかりかと思います。しかし実際には、これは楕円形となってい
す。このことはまず気づかれません。歪んだ四角形の中庭を正方形と捉え、その上にある開口部を円形と
て認知してしまうからです。象徴的なものの見方は、そこに頭のなかで作り上げた空間を生み出します。

炉です。ドアの向こうには小さなトイレが隠されています。スライド式の窓は閉じられていますが、その
枠はコンクリートの縁で見えなくなっています。ガラスは特別に注文した透明ガラスで、緑味も青味も帯
ていません。天井面には音響パネルが見えています。

暖炉です。

こ側の外壁は奥のほうが厚くなっていて、左奥にドアが見えますが、その裏側、つまり壁のなかに小さなキ
ッチンが納められています。

建物の入口です。

の写真から、中庭を囲う外壁の上端が銅板で葺かれている様子がおわかりいただけると思います。これに
って家の屋根が形づくられると同時に、中庭の内壁に影が落ちるようになっています。内側から眺めた場
に中庭がフロントファサードに取り巻かれたようになり、周囲を家々に囲まれているような印象が呼び起
されます。

次にご覧いただくのは、設計競技のためのプロジェクトです。この設計競技では勝つことができませんで
た。それにもかかわらずこのプロジェクトを見ていただくのは、ある重要なことを説明したいからです。
れはスケルトン構造の建て方についての私たちのアイデアです。スケルトン構造の観点については数年前
らさまざまな実験を行ってきましたが、まだそれを実現する機会にはめぐり合っていません。ですから、
の問題に関しては現実に建てられたプロジェクトをお見せすることができません。

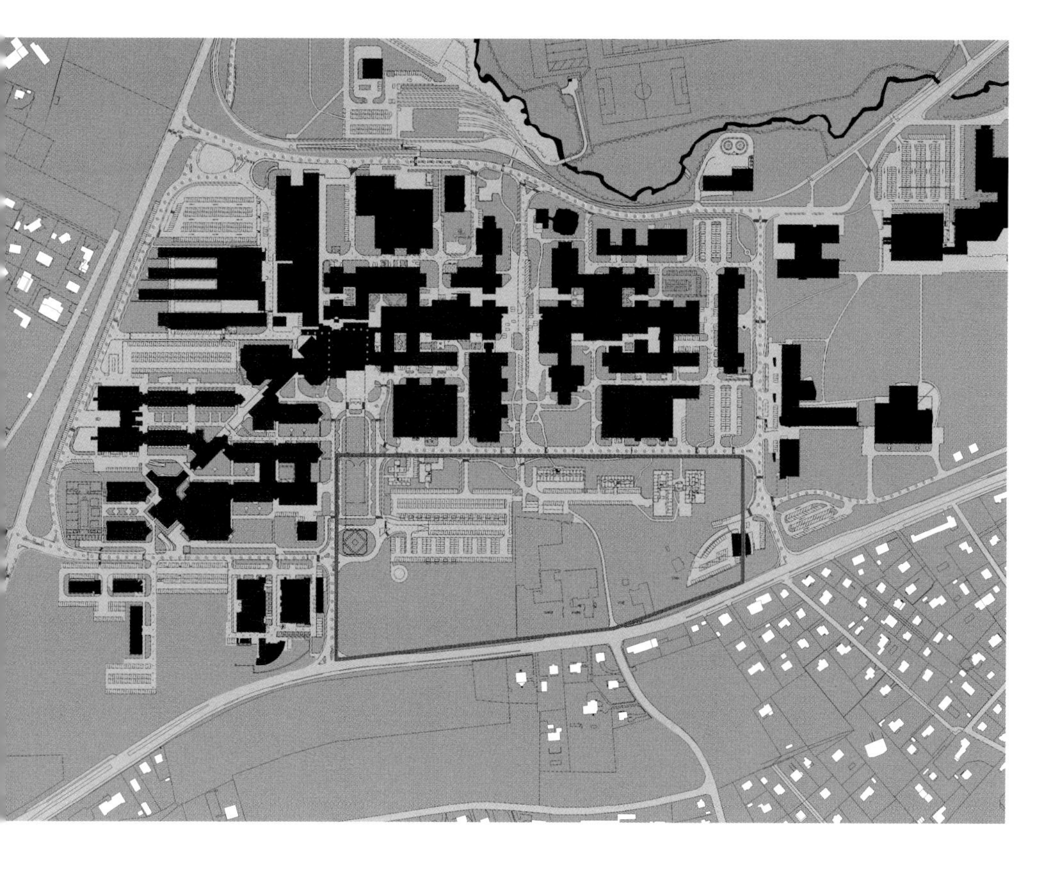

イス連邦工科大学ローザンヌ校のラーニングセンターの新築がテーマです。キャンパスの路面レベル、つりレベル0の敷地図を見てください。赤い線で囲まれているのが設計競技にあてられた区域で、オレンジ色線は公共交通機関のルートを、青い線は学内関係者の移動ルートを示しています。この大学はきわめて珍いことに、地上レベルは主として交通網にあてられていて、歩行者をほとんど見かけません。

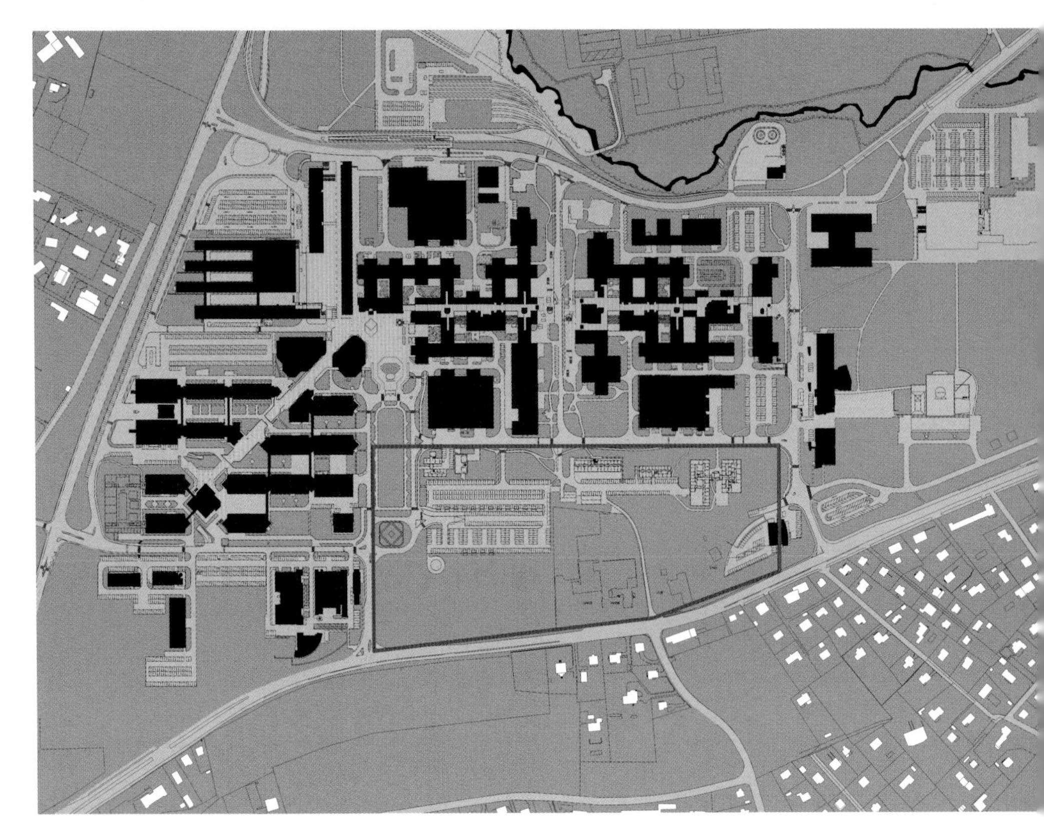

次に見ていただくのは、二階の部分に相当するレベルです。オレンジ色の部分は歩行者ゾーンで、このゾ
ンはそれに沿って、それぞれの学部に繋がる一本の軸へと展開しています。歩行者が端から端まで移動す
のにおよそ8分かかります。課題となっていたのは赤で示された区域内に建物を構想することで、この建物
は図書館やメディアセンター、事務室、講堂、レストラン、喫茶室、書店、語学学校など、キャンパス全
のための重要な施設が入ります。さまざまな学部の学生が出会い、意見を交換するための場所です。本質
な問題となったのは、まず第一に、歩行者が行きかう二階レベルの直線的なシステムとこのセンターをど
ように接続するか、そして第二に、地上レベルと二階レベルとで異なる二つの動線システムをどのように
びつけるかということでした。

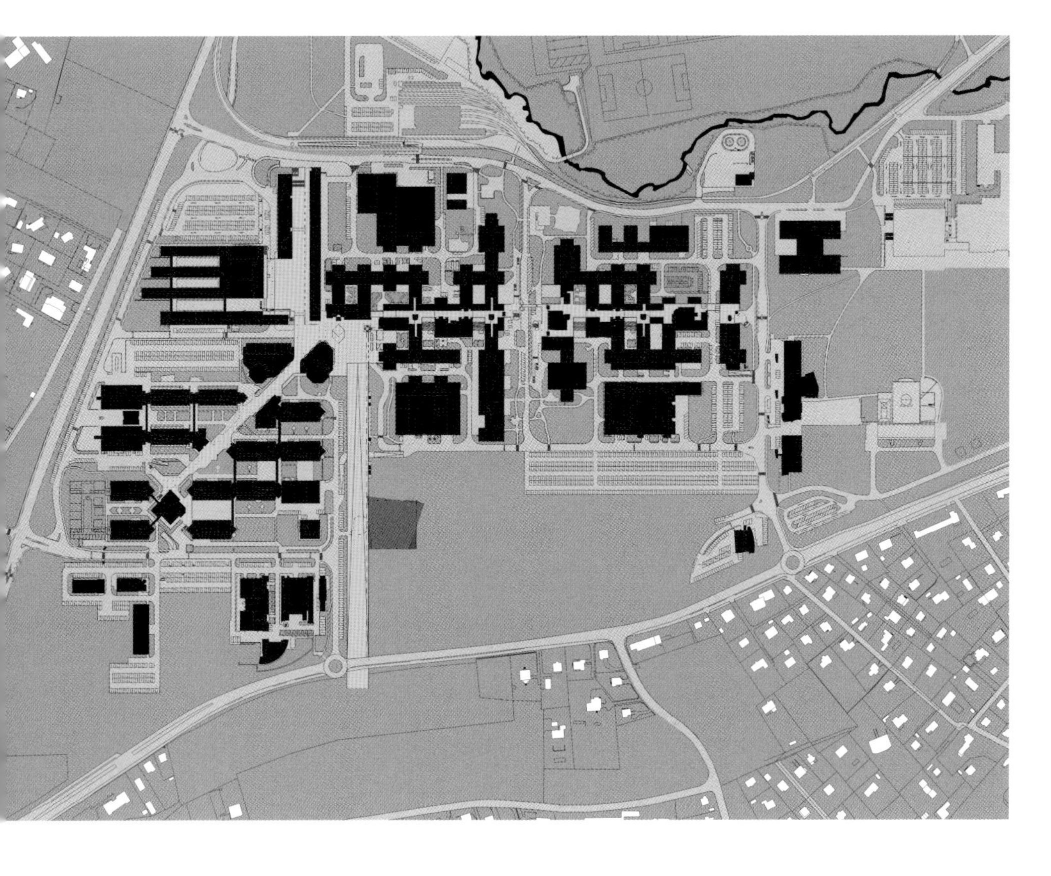

ますず最初に提案したのは、30メートルの幅のスロープをつくり、歩行者ゾーンの軸と設計競技にあてられた区域を結びつけるというものでした。このスロープを延長した先にある道路の反対側、敷地図下端のあたりには、大学が近い将来に学生寮の建設を予定しているスペースがあります。この区域の学生はスロープを通って直接にキャンパスの中心軸に向かうことができます。そして、この図では赤い線で示されていますが、ここにラーニングセンターの建物をスロープに接して建てることにしました。

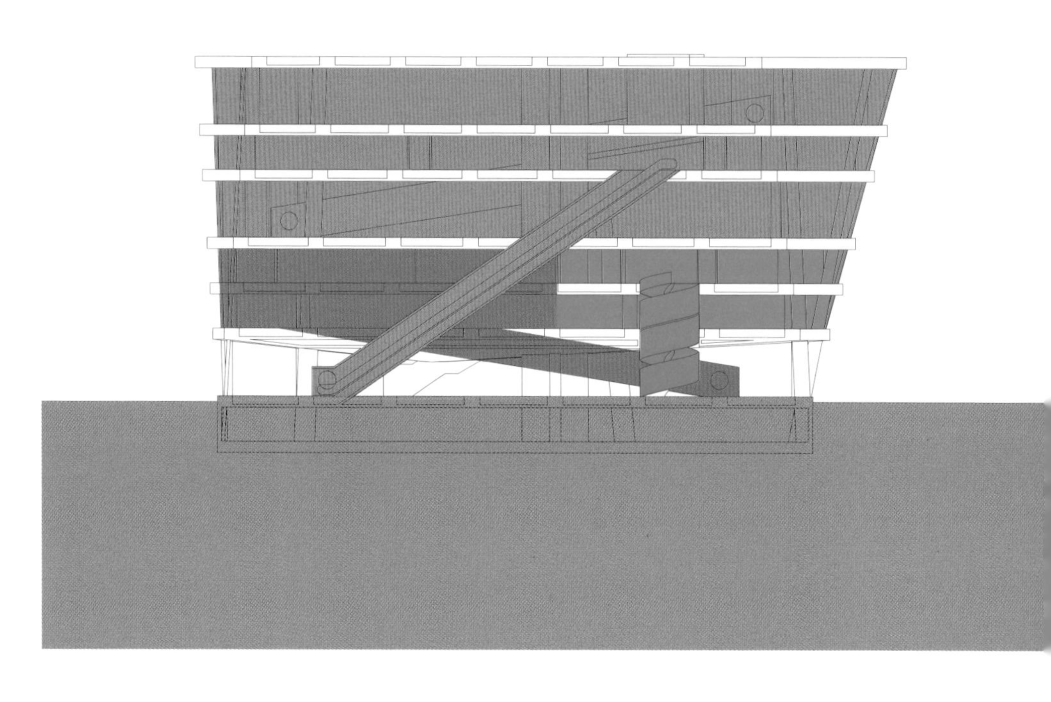

これは六階建ての建物です。それぞれの色は異なる機能を表しています。一階は仕切り壁のない開放的なホワイエとなっています。ここから上層のフロアへ上がります。いずれの機能もそれぞれ個別に一階のホワイエと繋がっています。図書館とメディアセンターへはエスカレーターを使い、レストランへは螺旋階段を[illegible]ります。講堂とホワイエは幅の広いスロープで結ばれています。

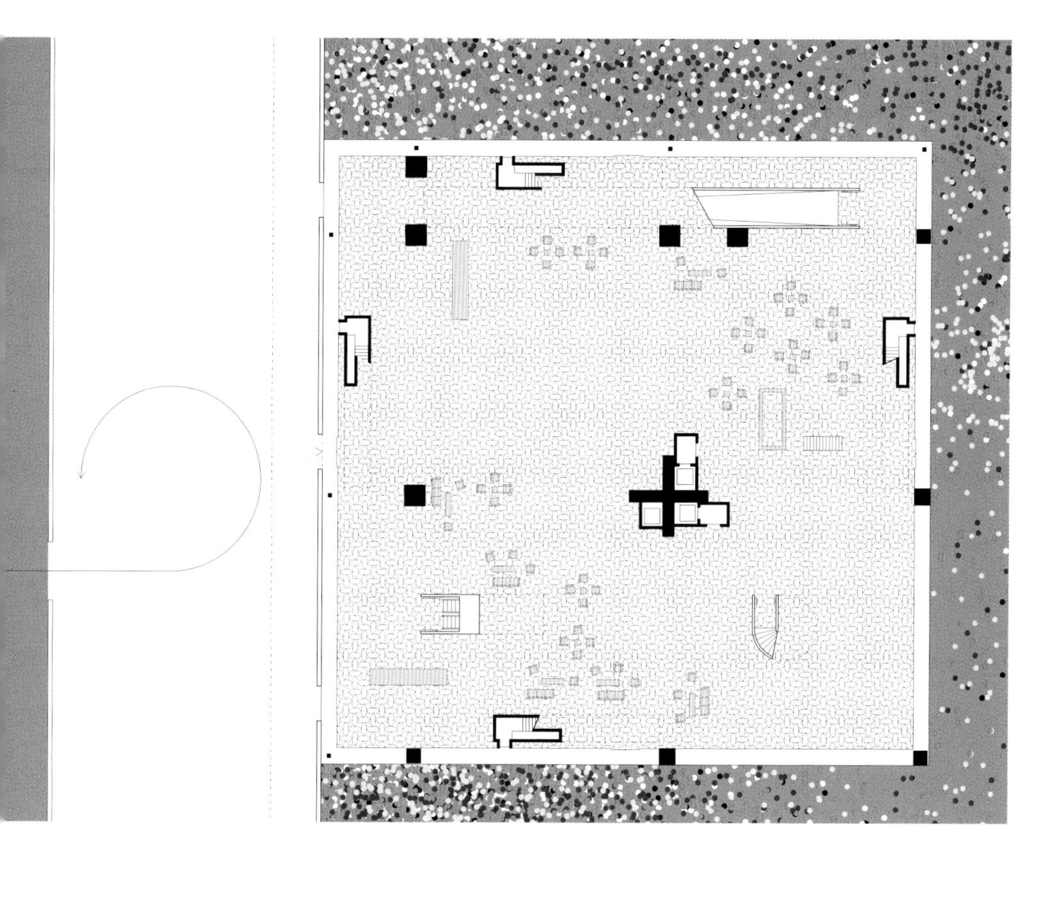

ｰ階の平面図です。周囲はすべてガラス張りになっています。構造的な部材はごくわずかしか見当たりませ
ｿ。黒で表したのが支持構造です。柱は180センチ角になります。さらに、外周部分には細い柱があるのがお
ｯかりいただけると思いますが、これは25センチ角です。一見したところ、構造全体がうまく連携していな
ｲようにも感じるのではないかと思います。

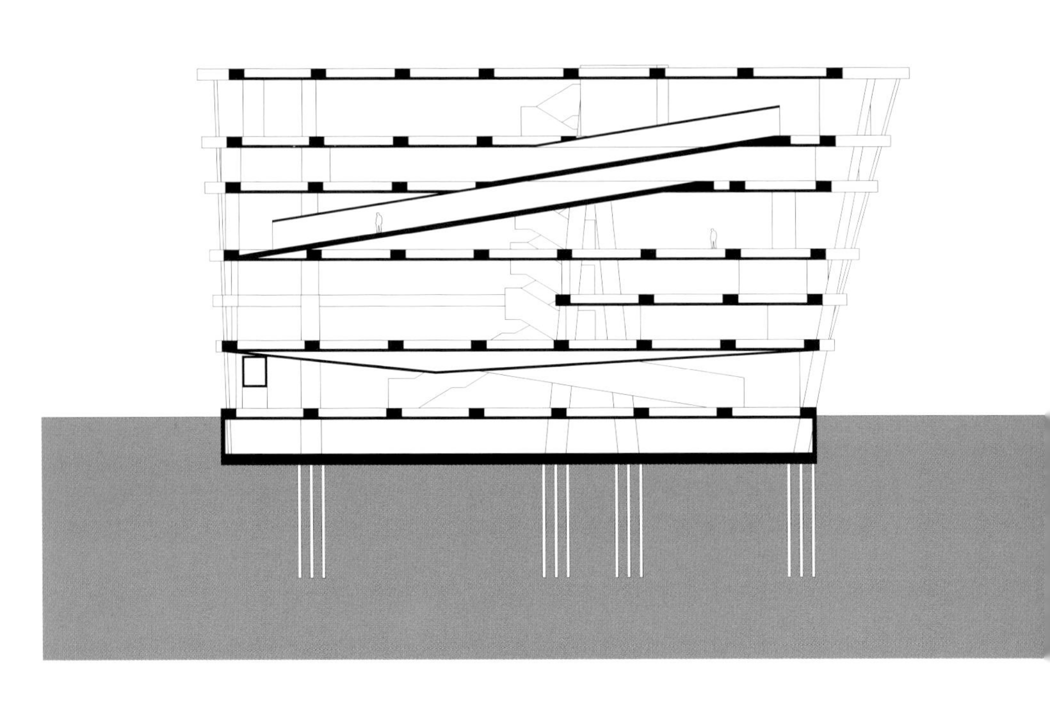

この断面図から、床部分にあるリブ構造がおわかりになるでしょう。床はケーブル配線のために中空になっています。

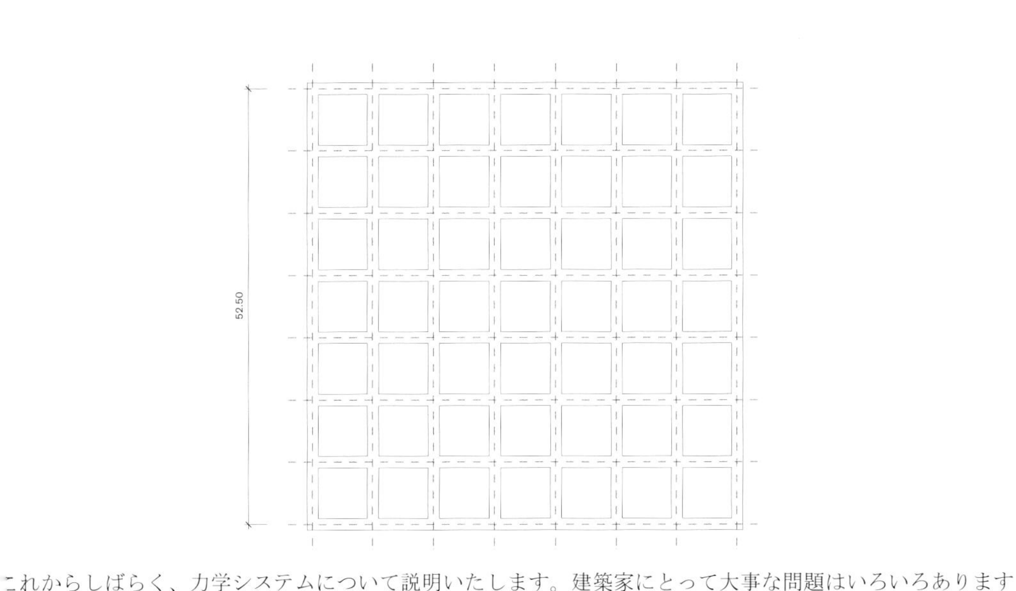

これからしばらく、力学システムについて説明いたします。建築家にとって大事な問題はいろいろありますが、筋道を立てて論理的に突き詰めていくことができるテーマと言えば、構造の問題がまず第一に挙げられるのではないでしょうか。もちろん、論理的な考えを重視する建築家に限ってのことかもしれませんが。個人的には、建築についてのそれ以外の観点はほとんどが恣意的なもので、論理的には捉えられないのではないかという気がします。私自身、決定に困るような状況に陥ることも少なくありません。建築を構造の次元、つまり力学の次元で煮詰めていくということは、いろいろな決定のための基準を定義することとも言えます。力学という分野では、論理的に捉えられないものなどありません。そして、構造とは建築の本質的な遺伝因子であり、この部分では徹底的に考え抜けば、必ずそれだけの結果が付いてくるものだと思います。表面についての取り組みももちろん大事ですが、過去三十年間の建築はこの問題と気がおかしくなるくらいに取り組んできました。この問題とこれ以上取り組んだとしても、建築に新しい命を吹き込むことはできません。一階のホワイエをご覧ください。広さは縦横それぞれに52メートルです。リブの幅は140センチです。芯で計って750センチの間隔で、全部で49マスあります。このくらいの間隔ならば、コンクリートの床に通常の鉄筋を入れることで間に合います。つまり、特別な鉄筋が必要となるのはリブもしくは梁や柱だけだということです。青でリブの軸を示しています。

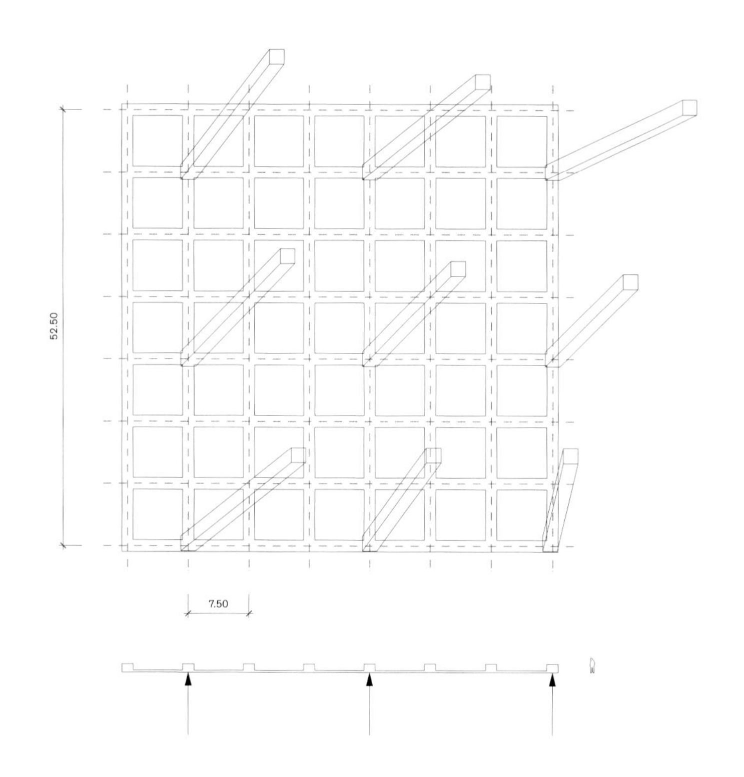

ここで私たちが下した決定は、9本の柱を使って計画しようというものです。柱の間隔は22.5メートルになります。このようなスパンやそれに必要とされる構造体の断面形状の処理は、ほとんど橋梁建築の仕事をするようなものです。スケルトン構造の場合に問題となるのは、鉛直方向の力にどう対応するかということよりも、むしろ、風や地震などによる水平方向に働く力をどのようにして基礎に伝達するかということです。

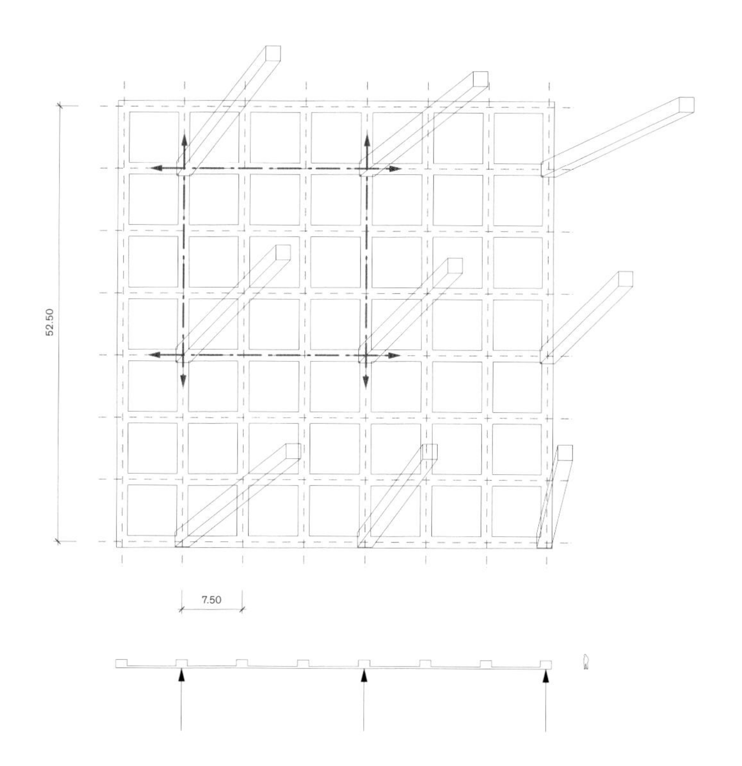

:体の構造を補強するためには、4本の柱がつくる領域で水平方向の力の作用に対して安定性を高めるように
'ればいいわけです。

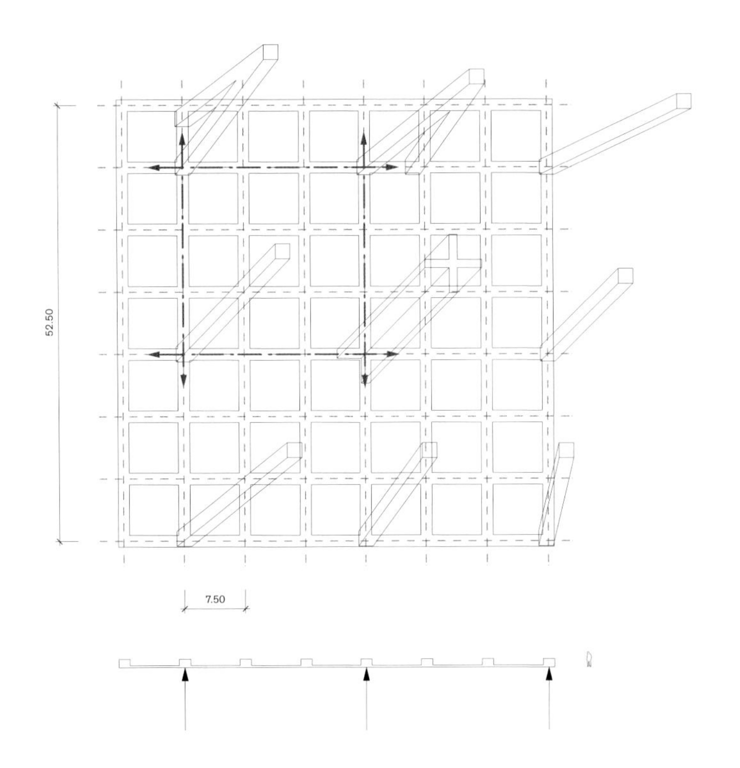

十字形断面の柱が二方向に対して補強し、二本のA字形の柱がそれぞれ一方向ずつ別々の軸に沿って構造を
定化します。これによって四方向すべてにおいて構造が補強され、しっかりと固定されます。

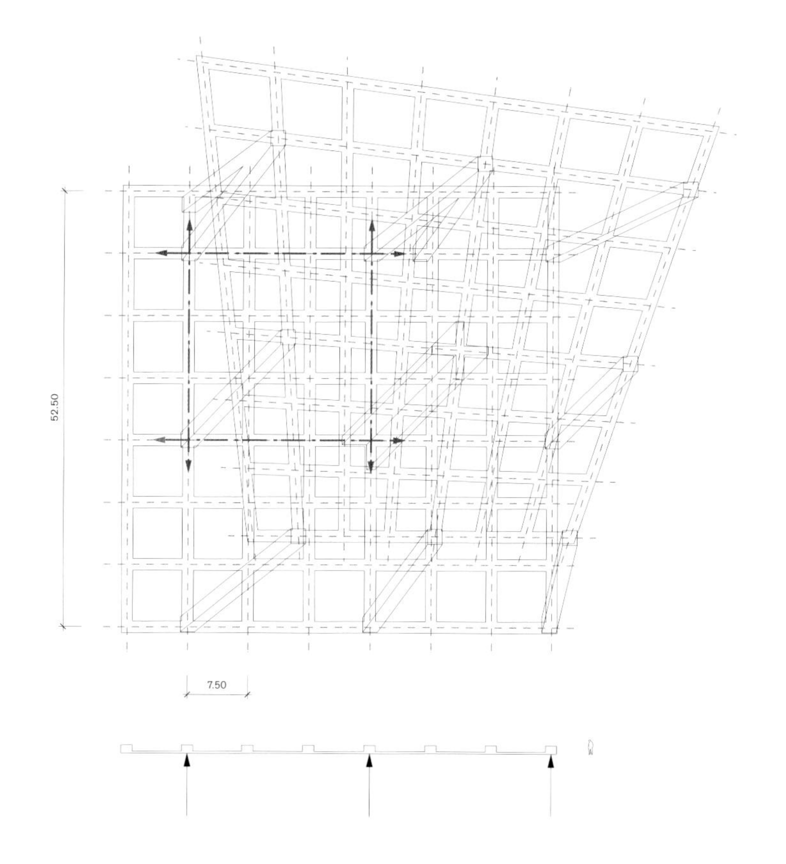

差するリブの芯が柱の中心に乗っています。そして次の段階で、それぞれのフロアのスラブの面積がまっ
く同じ大きさでなければならないということを決定しました。つまり、それぞれのフロアが厳密に同じ平
メートルであるということです。この二つのパラメーターから各スラブが上に向かって強くゆがむという
果が生じます。このことはまた、建物の入口、つまりキャンパス全体のなかで中心となるところ、この空
の底面が正方形であるということを意味します。キャンパスの中心スペースが正方形であるということで
。そして、この正方形から始まって、建物は上に向かって言わば気ままに変形してゆきます。

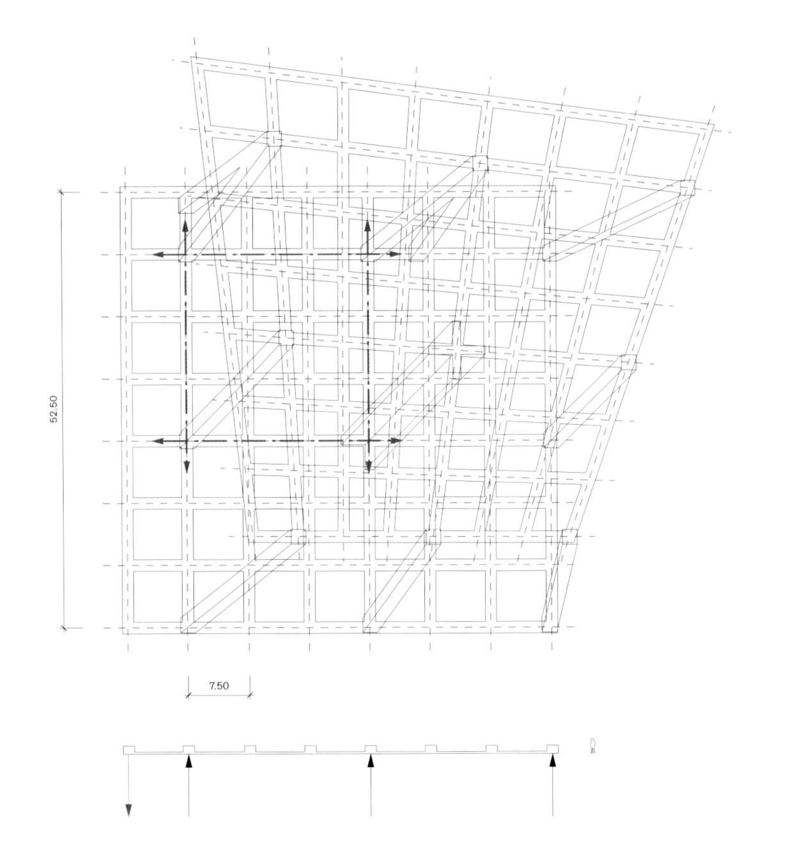

次に、周囲の張り出し部分についてです。この段階での処置によって、全体の構造をさらに効率的で少しス
リムなものにすることができます。例として、机を思い浮かべてください。そして、その上に座っている
します。中央がたわんで下がり、縁のほうが上がります。私たちの構造の場合も、それとまったく同じこ
が生じます。これを防ぐためには、ワイヤーでリブ構造の端部を下に向けて引っ張ります。ここでは赤い
印で表しています。鉄筋コンクリートは、骨材とセメントの混合物と鉄筋という二種類のものからできて
ます。骨材とセメントの混合物は圧縮に対して、鉄筋は引張に対して働きます。私たちの構造の場合は、
イヤーをコンクリートに埋めて25センチ角の柱としています。

では、躯体の模型をご覧ください。すべては論理的に導き出されたものですが、一見したところではどこもかしこも情動的で無秩序に感じられます。実際、わかりづらい構造です。けれども、形態の把握さえできれば、すべては隅から隅まで論理的に解き明かすことができます。ここでテーマとなっているのは、徹頭徹尾論理的な基本にもとづいた構成です。たとえ一本でも梁や柱を取り去ったならば、この建物は地震が来たときに、その一部だけではなく全体が崩壊してしまいます。これは、いくつもの部分を並べ合わせ、上下に重ね合わせるという従来の柱－スラブ－システムのように機能するスケルトン構造ではありません。そして、部材を繰り返し並べ合わせ、重ね合わせたモジュールシステムでもありません。この構造はまったく別物なのです。むしろ有機的な性格をもつという点で植物と似ています。すべてが互いに絡み合い、それぞれの部分が別の部分から生まれ、さらに次の部分へと繋がっていきます。このようなことはコンクリートだからこそ可能になります。金属や木材でも煉瓦でもなく、コンクリートを使うことによってのみ、このような全体の相互関係を展開すること、つまり、本当の有機体を構築することができます。

レストランへ通じる螺旋階段です。

手前は非常階段で、奥は講堂に通じるスロープで、四角形の筒に入ったようになっています。

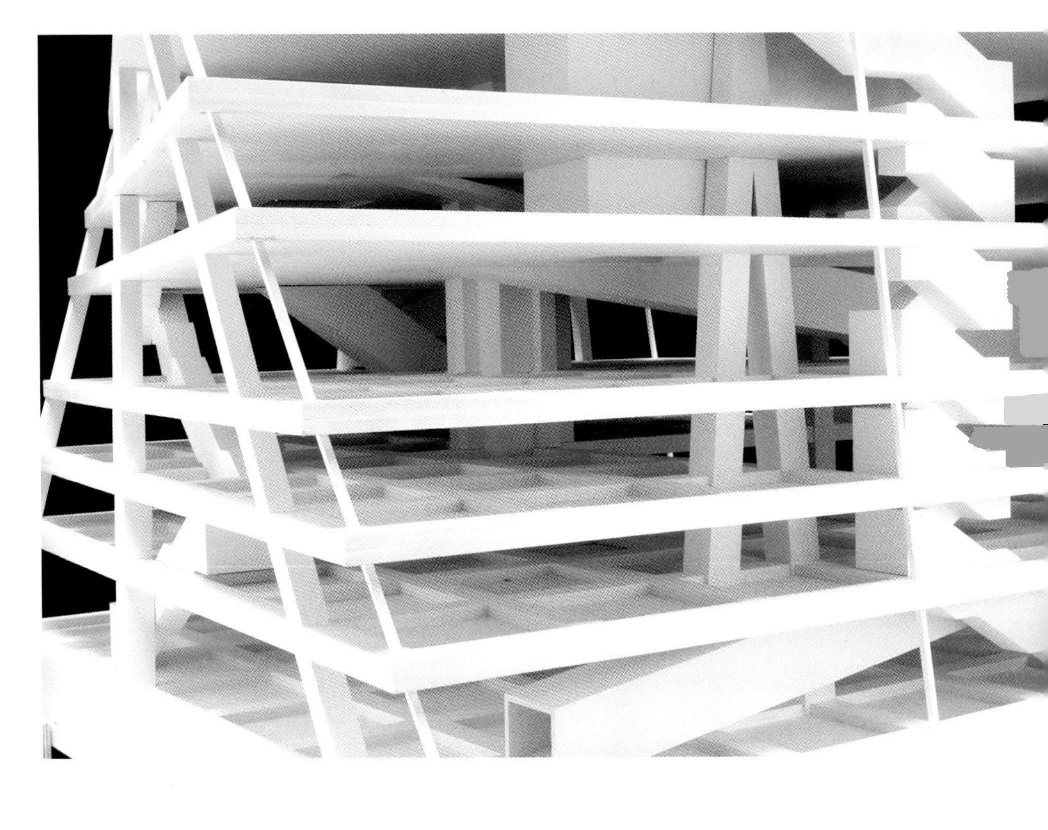

A字形の柱の様子がよくわかると思います。

ンダリングをいくつか見ていただきます。

この映像から全体の規模がおわかりいただけると思います。人物から大きさの関係をご推察ください。

建物の入口です。

正方形平面のホワイエです。天井には逆さになったピラミッドが見えます。その一番低い部分、本来の頂点ですが、これは床スラブの対角線の交点に当たります。ですから、空間のちょうど真ん中が低くなっていて、窓に近づくにつれて空間が高くなっています。これによって、空間が外に向かって開放的になると同時に、建物のなかを歩いていると、変化する天井高のせいで空間が動きのあるマッスとして感じられます。このような印象のせいで、ホワイエにいるとある種の安全地帯のなかで守られているような気分になります。

[illegible]物の外観です。

これはスイス連邦工科大学チューリッヒ校で開かれた私の作品展の写真です。さまざまなプロジェクトの縮
尺33分の1の白い模型と、関連した写真や図面などが展示されています。これからお話ししようと思うのは、
床面に低く置いてあるプレートに並べたプレゼンテーションについてです。種類はさまざまですが、いずれ
も展示したプロジェクトとは直接的な関係のない写真や図面です。

ばらく前から、私は自分の建築について、言葉ではなく視覚的イメージを使って説明する手立てがないもだろうかと考えていました。そして、55枚の写真や図面を選び出しました。結果として、いろいろな連想誘うかたちの説明の仕方となりました。これらのイメージには、いずれも私を惹きつけて止まない何かがります。モチーフが対象になる場合もあれば、構成や内容に目が向いていることもあります。千点のイメジを選ぶこともできたわけですが、考えながら選んでいるとだんだんとその数は減っていきました。最終に残ったのがこれらの写真や図面です。いずれも私が実際に影響を受けたもので、自分の建築について考るといつでも自然と頭に浮かんでくるものです。この個人的なコレクションを「図像学的自伝」と呼んでます。

一枚目のイメージは、コモ湖の風景が描かれた19世紀の小さな銅版画です。まず、この絵に絡んだ個人的景を説明いたします。父もやはり建築家で、私は大分その影響を受けていますが、父は私が生まれたとに、子供用ベッドのかたわら、ちょうど頭の高さのところに、ガラスに入れて額装されたこの絵を掛けたです。ですから、この絵は私の子供時代を通して、枕の位置からおよそ40センチほどのところに掛けられいたわけで、私はこの絵と一緒に大きくなったようなものです。朝起きると、まず目に触れるのがこの絵した。父は自分の個人的な嗜好を私に植え付けるために、こういったさりげない手を使ったように思われす。結果として、趣味趣向について言えば、私のものの感じ方はどうも父とそっくりになったようです。にか判断を下さなければならないときは、いつもこの銅版画に見られるようなクラシックな状況を前提にえています。もしも実際にかなうことならばこの絵のような家を建ててみたいと思っています。そして、面には孤独を愛する男が櫂をあやつる一艘の舟、この美しい舟が気に入っています。

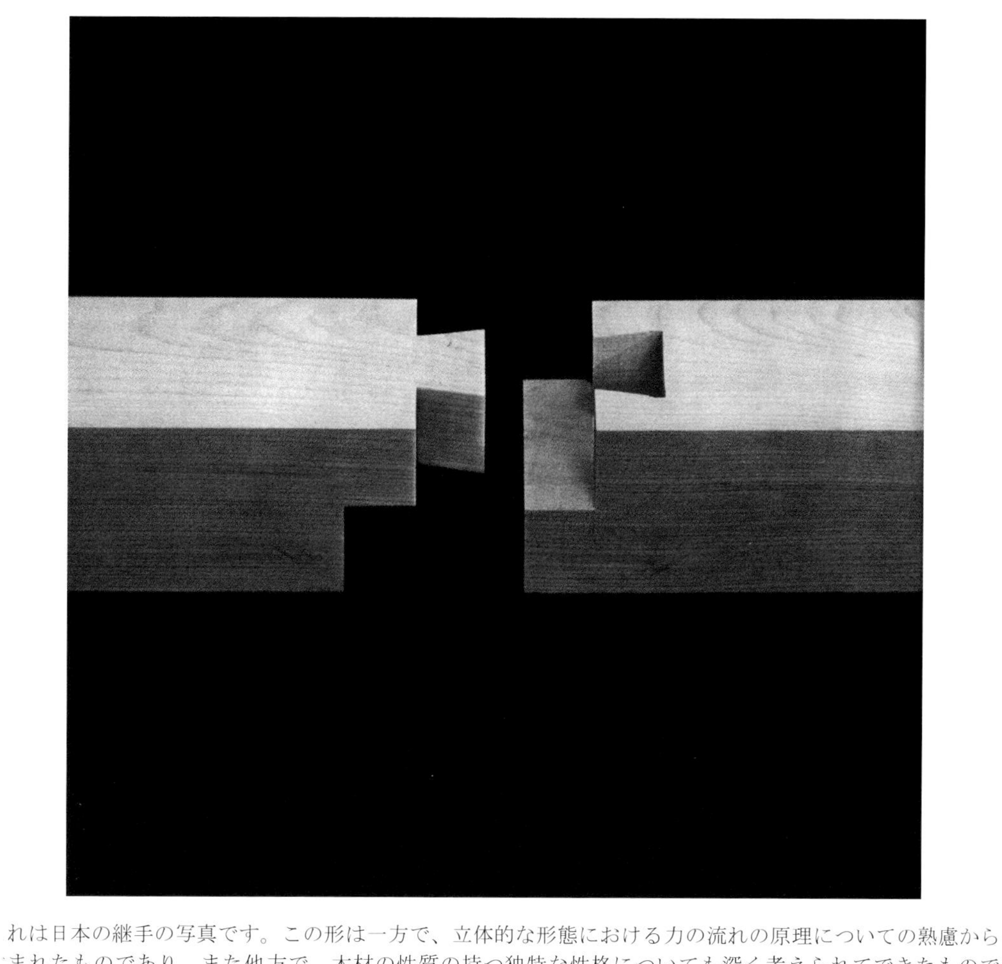

れは日本の継手の写真です。この形は一方で、立体的な形態における力の流れの原理についての熟慮から
まれたものであり、また他方で、木材の性質の持つ独特な性格についても深く考えられてできたもので
。その結果がきわめて精密な手仕事となって現れています。建築というテーマに即して言えば、綿密に練
上げられた考えに対しては精度の高い施工が求められるということを主張したいわけです。たとえば、経
的な事情をずさんな施工の言い訳にするなどということは考えられません。

これはペルーのマチュピチュの写真です。インカの神殿の石壁です。とても大きな花崗岩が、考えられな
ほどの精密さで加工され、積み重ねられています。このような精度の問題については、ただ単にインカの
々の技術力について指摘すれば済むものとは考えられません。そもそもインカの人々は神殿を建てるにあ
って、そこに地上のものの見方ややり方を否定するような姿を映し出そうとしたのではないかと思います。
たとえば、石材は九十年以上の年月をかけ、何世代にもわたって加工され、積み上げられています。ここ
残された厳密さは、彼らが共通して持っていたある絶対的な了解事項の表現なのです。

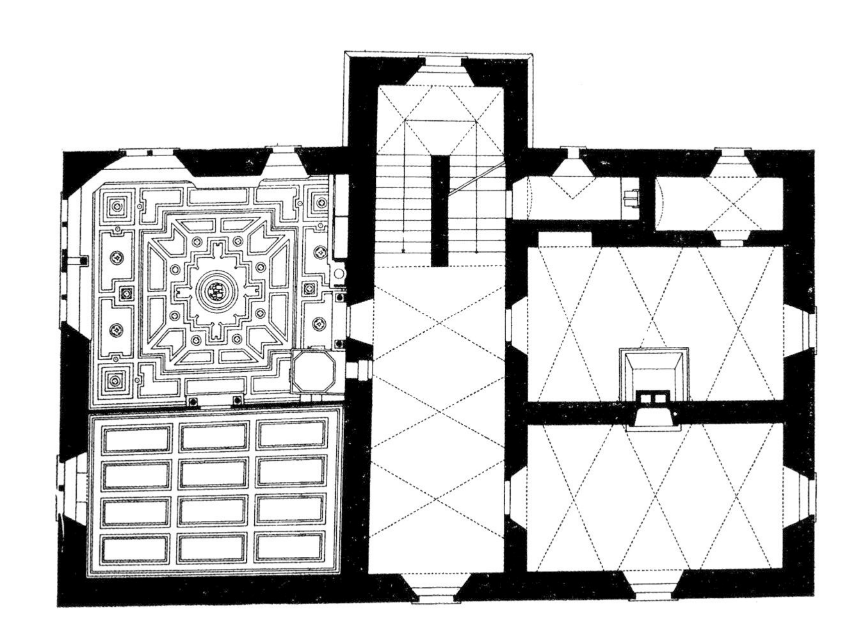

これは1650年ごろに建てられた富豪の屋敷の平面図です。私が生まれ、現在も住んでいるグラウビュンデン地方のものです。建物の構成はとても明快です。廊下の右側の部屋はいずれも石積みで漆喰仕上げが施され、丸天井となっています。左側部分の部屋は全面に木材を使った内装で、いたるところに装飾が施されています。このような二元性をグラウビュンデンの伝統的な建築に見られる基本原則と理解することができます。それは二種類の性格の違う特性を調和させたり、微妙なニュアンスを生み出したりしようとするものではなく、本質的にまったく異質な二つの世界を並列的に生きようとする決然とした態度を目に見える形で表そうとするものです。このような特性はグラウビュンデンという土地の文化をとてもよく反映しています。

タージ・マハルです。私にとって個人的にとても大きな経験、たぶん、もっとも大事な経験であり、ほとんど啓示とでも呼ぶべきものです。大地の色である赤褐色の石材で建てられた美しい建物が無数に連なり、その周囲を取り巻くなかで、光り輝く白色の大理石だけで造られたタージ・マハルは、まさに神性の出現といった何かを目の当たりにさせるものです。それは純粋な理念そのものの顕在した姿です。

これは私が所有しているインド - ペルシャの細密画です。小さい絵で、はがきよりも少し大きいくらいでしょうか。庭園のちょうど真ん中に家があって、そこから東西南北それぞれの方角に四筋の小道が延びています。庭園は塀で囲まれていて、一本の道の突き当たったところに門があります。家は世界の中心で、そこに三人の女性がいます。塀は赤土色で家は白色です。家は楽園を表していて、塀は世界を示しています。ここでは白という色が理念の世界を、赤褐色が現実を象徴しているのではないかと考えています。

メキシコのモンテ・アルバンです。このプレコロンビア期の遺跡はオアハカ盆地中央の丘の頂上にあります。この盆地は幅が50キロメートルほどで、長さはその数倍になります。およそ二千年前にサポテカ人がこの丘の頂上を平らにならし、巨大なプラットホームを造り上げました。丘は上部を切り落としたピラミッドのように聳えています。現在ではプラットホームの表面は土ですが、もともとはモルタルで仕上げられ、鏡面のように磨き上げられていました。そして、そこには神殿やピラミッドなどが建てられていました。ひとつひとつの建物の役割は今日ではわかりません。また、それらがどのような観点からプラットホームに配置されていたのかも不明です。はっきりしていることは、サポテカ人が天体をとてもよく観察していたということと、彼らがこの人工的な平面上に彼らの解釈した宇宙像を投影していたということだけです。オアハカ盆地の底からこの丘を目指して進み、そして頂上にたどり着くと、磨き上げられた平面が広がり、ピラミッドが聳え立っている。そんな様子を想像してみてください。壮大なプラットホームとその上に広がる天空のあいだに立ち、宇宙を投影したさまざまなオブジェに取り囲まれています。宇宙をつらぬく巨大なオブジェの上にいるような気分が沸き起こるのではないでしょうか。それはあまりの大きさに人を茫然自失とさせるような空間感覚です。

インドのファテプール・シクリです。ムガール帝国の皇帝アクバルによって16世紀後半に建てられたものです。この写真に写っているもののすべて、隅から隅までがただ一つの材料、一塊の石材から造られています。とても硬い石材です。この建物では、イスラムの唯一神教の文化とヒンズー教の多神教文化という二つの正反対のものが一つの素材のなかで溶け合っています。それは抽象表現と具象表現の融合です。ファテプール・シクリほど美しいものは見たことがありません。美しさとか情熱などという言葉に当てはまるもののすべてがここにあります。

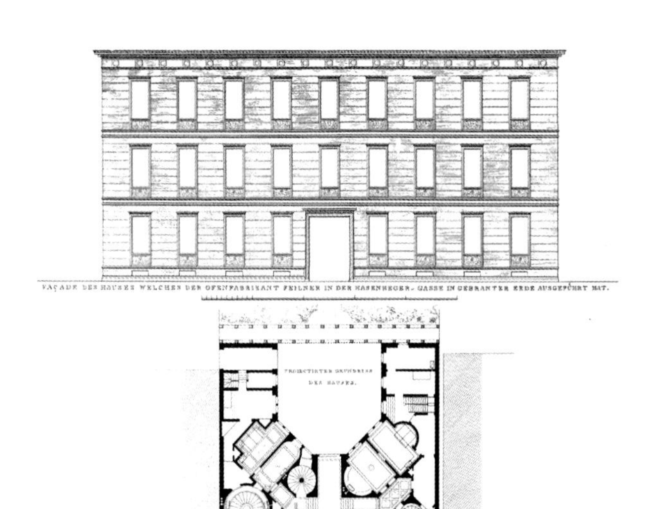

ベルリンにあったカール・フリードリッヒ・シンケルの建物です。残念ながら今日では残っていません。ファサードが規則性を持って対称的に構成されているのがおわかりいただけると思います。このファサードの様子から、建物が隅から隅まで追体験ができるような明快さで建てられているものと感じられます。しかしながら、このような第一印象は上辺だけのもので、その背後には他に例を見ないほど錯綜した、ほとんど迷宮のような構成が隠されています。設計図にきわめて複雑な記載がなされていることにも注意すべきでしょう。「ハーゼンヘーガー通りの暖炉製造業者ファイルナーが焼成煉瓦で施工した屋敷のファサード」というもの。なんとも冗長なものです。では、入口の向かってすぐ左側の部屋に向かってみましょう。廊下を通って家のなかに足を踏み入れたら、まず左に曲がって、階段を上がります。そして、少し右方向に向きを変えて、中庭に面した窓と半円のアプシスがある部屋に入ります。この部屋で90度向きを変え、隣接した部屋に入ります。今度はアプシスから直接に室内に入ることになります。この部屋には通りに面した二面の窓があります。さらに、もう一つある別の扉を開けると、ようやく目的としていた部屋に中央から入ることができます。ここまで来るうちに方向感覚が失われてしまうでしょう。私たちが普段、建築物のなかを移動する場合にはある種の規則性を拠りどころにしているわけですが、そういった手がかりがまったく見つけられなくなってしまいます。

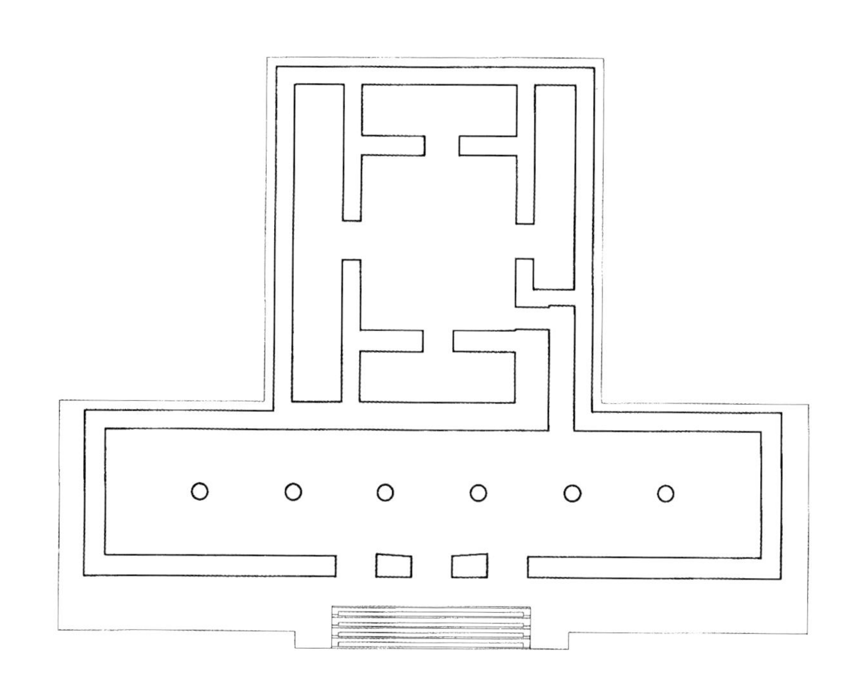

れはミトラ遺跡にある約二千年前のプレコロンビア期の神殿の平面図です。特に興味深い点は、基本とな
二つの空間、下方の横長の空間とその上の正方形の空間についてです。横長の空間には列柱が据えられて
ますが、正方形の空間のほうが中心的な空間として扱われているので、重要なものと考えられます。この
間は神殿内部の奥まったところにあり、通り抜けの空間ではなく目的地となっています。双方の空間を結
つける廊下はオーダーの軸線から外れていて、それぞれの空間と緩やかに結びついた二つの部位に分かれ
います。つまり、廊下は全体のシステムに従属しています。この建築では象徴やモチーフではなく、空間
配置と幾何学性が根本的な意味を生み出しています。

ヴォルテッラのパラッツォ・デイ・プリオリです。建物の下部にある軒蛇腹のせいで、建物が地面から少
浮き上がっているような印象が生まれています。この建物は街のなかに置かれた家具のようで、オブジェ
外の何物でもありません。美しいの一言に尽きます。今日では、オブジェのない都市などという虫唾の走
ような考え方が広まっていますが、これは署名のない建築を良しとする駄目な建築家が抱くものです。こ
建物はそのような考え方に対するアンチテーゼそのものです。

ルーのアレキパにあるサンタ・カタリナ女子修道院です。アレキパは16世紀にスペイン人の手で砂漠のなか
拓かれた町です。修道院の敷地は縦横それぞれ数百メートルもあり、ほとんど町の一角といった規模とな
ています。そして、普通の市街地の場合と同様に、修道院のなかには碁盤の目のように道路が敷設されて
ます。一応、入口には扉が付いた大きな門があるのですが、道を歩いているとそれと気づかないうちに修
院の敷地に入ってしまいます。興味深いのは、そこに使われている赤褐色と青色という二つの色彩の使い
です。赤褐色は公共的な街区を、青色が修道女の私的な居住区域を示しています。修道女の独居房は物質
が希薄になり、その外部にある街路は大地と結びつけられています。このはっきりとした対照性は熟慮の
果から導き出されたものです。ある種の本質にかかわる目論見をはらんだきわめて明解なアイデアです。

フリムスにある私たちの家の食卓です。私たち夫婦はイタリア料理が大好きです。フランス料理よりも好
です。イタリアの料理を口にすると必ず一種類の素材の味がします。それに対して、フランス料理の場合
いつも数多くのさまざまな風味が感じられます。無数の素材が溶け合っていて、その混ぜ合わせがうまく
っていることもあれば、好ましくないこともあります。建築家は建築そのものを代弁する立場の人間と
て、どのような料理が自分に合っているかを知ることが義務であり、それを知るべく運命づけられている
間なのではないかと、私は考えています。

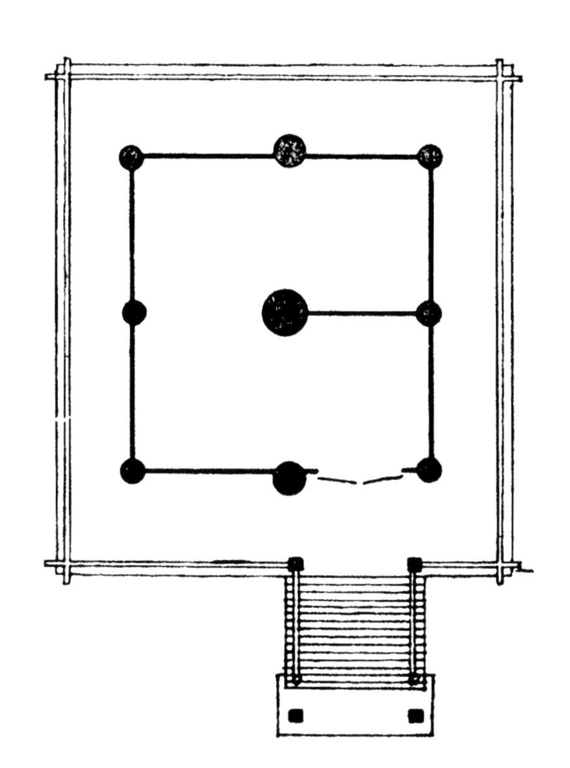

雲大社の平面図です。これは木材だけで組み上げられた構造物です。九本の柱がありますが、すべて切りした木の皮を剥いだだけの丸太です。正方形の内部空間の中央には特に太い丸太を使った柱があります。の柱が建物全体を支え、横から吹き付ける強い風にも抵抗する役割を担っています。木の幹は樹冠を支えと同時に木が倒れないように働いていますが、それと同じです。対称軸から外れた位置に設けられた入口らこの空間に足を踏み入れると、その正面は板壁になっています。この板仕切りは中央の柱に繋がってい、内部空間から中心を消し去っています。もしもこの板仕切りがなかったら、一本の柱がとてつもなく荘な役割を演じ、空間を支配することになります。一枚のなんの変哲もない板壁が、このような誤った空間読み取りを防いでいます。

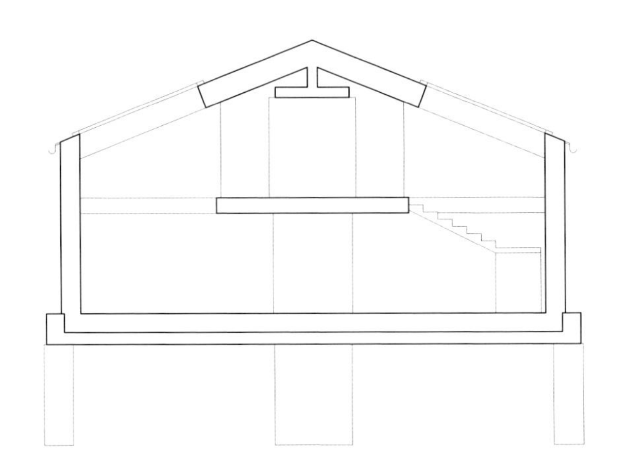

さて、最後のプロジェクトは私たちの事務所です。これは二年前にフリムスに建てたものです。シャラン
の家の時と同じように、この場合も建設予定地には家畜小屋があって、まずそれを解体したあと、その外
をある程度まで復元することが求められました。このような事情があったので、形態や部屋割り、全体の
リュームなどは外的要因から決定されました。断面図からおわかりいただけるように、事務所のための二
建ての建物を柱が支えるという構造になっています。フロアの広さはおよそ110平方メートル。もともと、
タッフもある程度の人数にとどめるつもりでしたので、大きな事務所を必要とはしていませんでした。こ
は意識的な判断です。また、室内への明り取りのために大きな窓が天井に設けられているのがおわかりい
だけるでしょう。机の脚のような下の部分はコンクリート造で、上部の暖房が備えられた部分は木造です。
フリムスという町の条例では建物は木造か漆喰仕上げで建てることが求められていましたので、木造を選
しました。

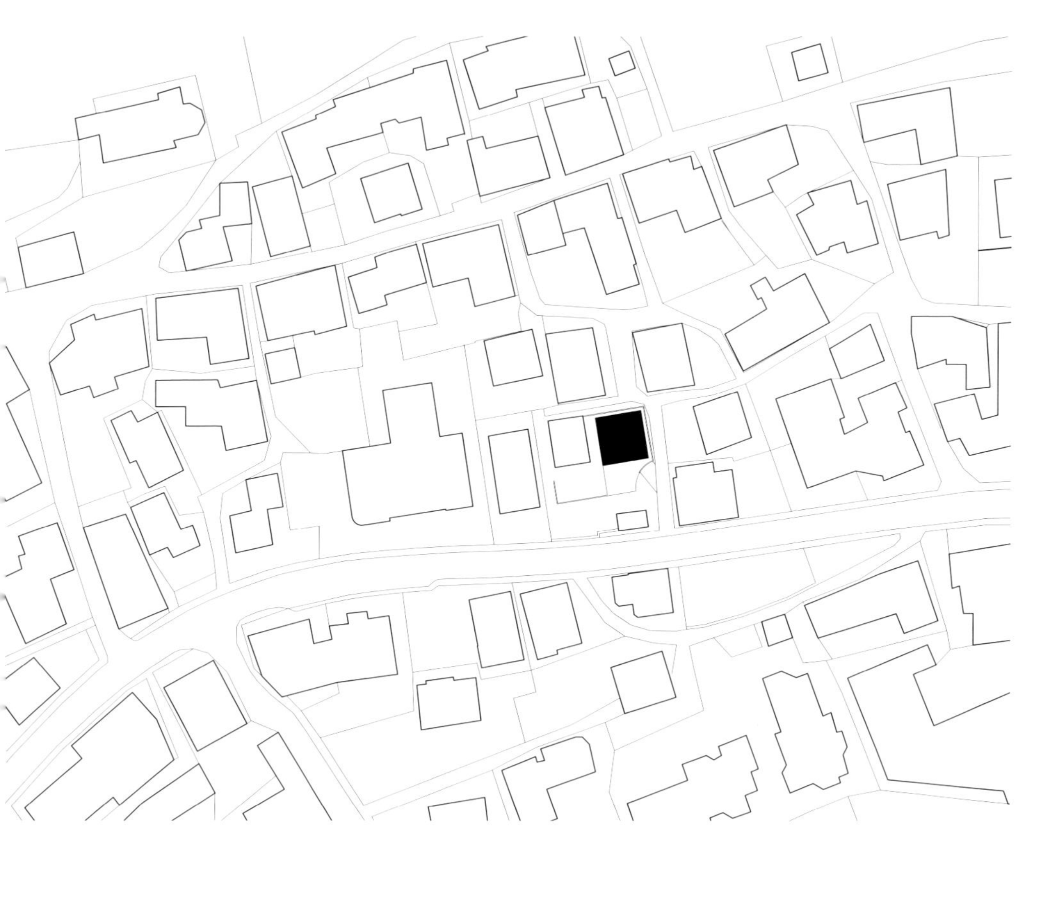

黒く示した新しい事務所の建物の左側には、私の自宅があります。この家はおよそ250年ほど昔に建てられた
ので、前にも申しましたようにやはり建築家であった私の父が、長いあいだ少しずつ手を加えてきたもの
です。父の死後、私たちがこの家に暮らしています。以前は週末だけの住まいでしたが、現在は自宅となっ
ています。

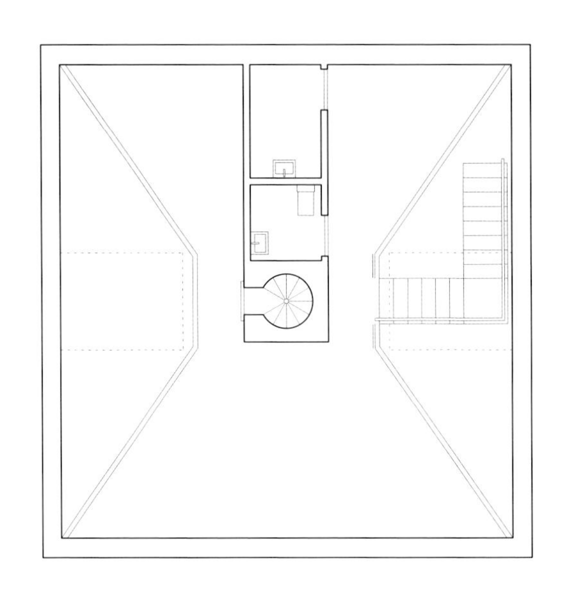

新しい建物の平面図について説明します。まずは最上階から始めましょう。屋根裏に当たる二階部分には会
議用の部屋と小さなキッチンとトイレが設けられています。中心部の左右は吹き抜けとなっています。防音
効果を考えて垂直にガラスが嵌められていて、下のフロアを眺めることができます。天井の大きな窓からの
太陽光がこの吹き抜け部分を通してさらに下のフロアにも差し込みます。

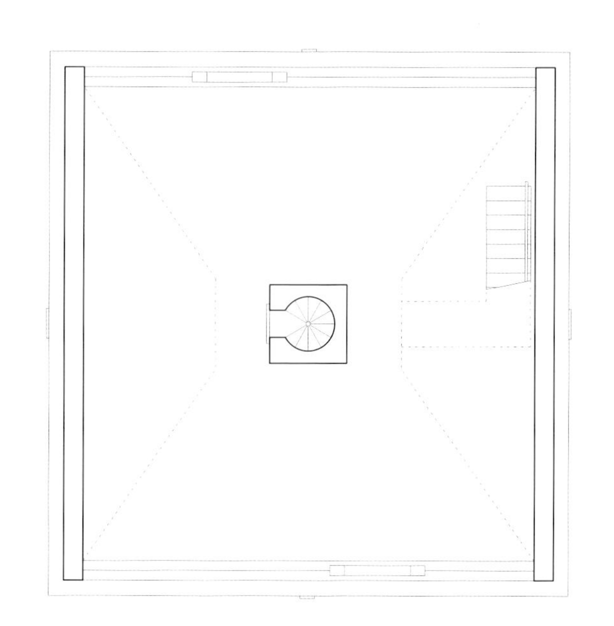

仕事のためのメインフロアです。仕事机の配置にもよりますが、ここで12人から16人のスタッフが仕事をします。建物への入口は平面図の上方にあります。右側には階段がありますが、これは上階の会議室に通じていて、事務所内での移動のために使われます。中央にとても細い螺旋階段があるのがおわかりいただけると思いますが、この階段はもっぱら私たち夫婦だけが使うものです。ここからは私たちのプライベートゾーンというわけです。この階段は事務所スペースとガーデンホールやプライベートの駐車場を結びつけるもので、ここを降りて庭を横切ると自宅にまで通じています。つまり、いつでも好きなときにこの階段を通って建物の各フロアに顔を出したり、姿を消したりすることができるわけです。螺旋階段のコアはコンクリートで、折れ階段と並んで木造スペースのなかで唯一のコンクリートでできた部分です。

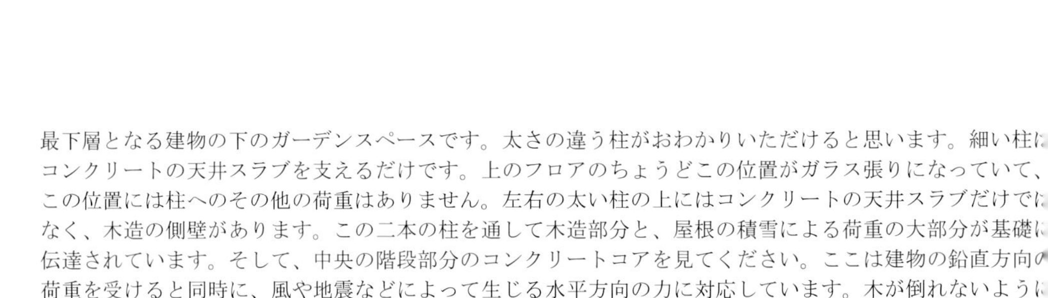

最下層となる建物の下のガーデンスペースです。太さの違う柱がおわかりいただけると思います。細い柱は
コンクリートの天井スラブを支えるだけです。上のフロアのちょうどこの位置がガラス張りになっていて、
この位置には柱へのその他の荷重はありません。左右の太い柱の上にはコンクリートの天井スラブだけでは
なく、木造の側壁があります。この二本の柱を通して木造部分と、屋根の積雪による荷重の大部分が基礎に
伝達されています。そして、中央の階段部分のコンクリートコアを見てください。ここは建物の鉛直方向の
荷重を受けると同時に、風や地震などによって生じる水平方向の力に対応しています。木が倒れないように
全体をしっかりと支える幹のような働きを、このコアは担っています。

表通りから眺めた建物の佇まいです。木造部分には当地で一般的なスプルスを使い、それを黒く染め付けています。左側にわずかに見えている白色の建物は私たちの自宅です。

普通ならば隅柱があるはずですが、この建物にはありません。角に空間の輪郭を強調する要素がないので、ガーデンホールは完全な外部空間となっています。奥に見える芝生に囲まれた白い家は、私たちの住まいです。私の父は生涯を通して白い家だけを建てました。事務所は黒く、それもアスファルトのうえに建っています。白い家に住んで、黒い家で仕事をするというわけです。白い空間は内向的で、黒い空間は外向的な性格があるように思います。アスファルトと芝生との境界線は敷地のちょうど中心軸に当たっています。私たちの二軒の建物それぞれの下に敷いてある絨毯がこの線で突きあわされているといった感じでしょうか。

奥に見えるコンクリート壁は周囲の傾斜地を支えるものです。建物と壁は接してはおらず、およそ30センチの隙間があります。アスファルトは普通は道路、つまり公共空間のための材料です。ですから、ガレージの門扉が開けられていると、このガーデンホールは道路の一部となります。むしろ、道路が私のガーデンホールの一部になると言ったほうがいいかもしれません。門扉を開けたり閉めたりすることでこの空間の性格が一変します。

高台に接した擁壁の様子です。ごく当たりまえのコンクリートの表面には、時とともに古びが付いていくは
ずです。

°レテンションのコンクリートを使ったことで可能になった張り出しの規模がおわかりいただけるでしょう。

後方から見たところです。建物は重々しい台座のうえに据えられているかのように感じられます。ガラス壁
の右側部分に事務所への入口があります。

部空間です。ここもすべて木造で、黒く染め付けられています。どこもかしこも真っ黒く仕上げたのは、先
ども申し上げましたが、空間は暗ければ暗いほど外向的で、そのため公共的な印象を醸し出すからです。
るい空間とはまったく対照的です。以前にアメリカの各地を集中的に旅行したことがありますが、その時
、50軒以上のフランク・ロイド・ライトの作った家を見て回りました。特に初期の作品はいずれも窓の大き
がファサードの面積と比べてとても小さく、内装の材料も暗い調子のものがほとんどです。しかしなが
、これらの空間はどれをとっても外部とのとても強い関係性を示していました。建物を取り巻く風景が本
に輝いていて、外界の存在感がとてつもなく強く、そして、外を眺めた時に室内の暗色の壁面が窓に映り
むことがありません。暗い室内空間は背景に退き、周囲の風景が空間を支配します。これとは反対に、リチ
ード・マイヤーの雪のように真っ白で開放的な空間構成などの場合は、とても閉じた感じがします。内部
間は光り輝いていて、その空間自体を強く意識させます。そして、白い壁は外を眺めたときにガラス板に
り込みます。ガラス壁は内部を封じ込める皮膜となっています。こうした理由から黒い家を選びました。私
ちの建物は天井高が低く、横長の窓の形状とあいまって観察小屋のような体をなしています。これは、人
は物を観察するときに横に並んだ二つの目を使っているわけですが、こういった視覚の機能に適合してい
す。奥へと後退していく性格のある黒と正反対なのが一群の仕事机で、すべて白いプラスチック製です。

大きな天窓から室内に差し込む光の具合がおわかりいただけます。

部と外部の関係をご覧ください。右側の階段は二階に通じています。

二階の会議室です。スタッフ全員がここに集まってプロジェクトの構想を練ります。

料学の専門家の力を借りて木材の染色法を開発しました。これは水、アルコール、亜麻仁油の三層から成
もので、それぞれに黒色の顔料を混ぜて塗布します。最終層に亜麻仁油を使うことで、繊細な艶が生まれ
す。

·階です。右上に二階のガラス張りへの映り込みが見えます。

最後の写真です。ここに座るのはこの事務所の設計に携わったプロジェクトマネージャーです。彼には天か
らの光が射しかけられます。

図版資料　1 ETH（チューリッヒ）での展覧会の写真 © Walter Mair, Zürich　2 ナショナルパークセンター（ツェルネッツ）の写真 © Miguel Verme, Chur　3–4/6–9 ナショナルパークセンター（ツェルネッツ）の図面 © Archive Olgiati, Flims　5 白色断熱コンクリートのダイアグラム © Archive Olgiati, Flims　10–22 ナショナルパークセンター（ツェルネッツ）の写真 © Miguel Verme, Chur　23–26 アトリエハウス・バルディル（シャランス）の図面 © Archive Olgiati, Flims　27–28 アトリエハウス・バルディル（シャランス）の堰板の写真 © Archive Olgiati, Flims　29–42 アトリエハウス・バルディル（シャランス）の写真 © Archive Olgiati, Flims 43 ETH（チューリッヒ）での展覧会の写真 © Archive Olgiati, Flims　44–49 EPFLラーニングセンター（ローザンヌ）の図面 © Archive Olgiati, Flims　50–56 EPFL ラーニングセンター（ローザンヌ）のダイアグラム © Archive Olgiati, Flims　57–60 EPFL ラーニングセンター（ローザンヌ）の模型写真 © Archive Olgiati, Flims 61–63/65 EPFL ラーニングセンター（ローザンヌ）のレンダリング © total real, Zürich　64 EPFL ラーニングセンター（ローザンヌ）のレンダリング © Meyer Dudesek, Zürich　66 ETH（チューリッヒ）での展覧会の写真 © Archive Olgiati, Flims　67 図像学的自伝 © Archive Olgiati, Flims　68 ジャン・デュボワ、Villa Canzi et Torno (Lac de Côme), 1840 頃 © Archive Olgiati, Flims　69 腰掛け蟻継ぎ、写真出典：清家清、The Art of Japanese joinery, New York/Tokyo, 1977　70 インカ石壁（マチュピチュ/ペルー）1440 頃 © Archive Olgiati, Flims　71 富豪の屋敷（パルパン邸、1550 頃）の平面図、図面出典: Poeschel Erwin, Das Bürgerhaus im Kanton Graubünden (Das Bürgerhaus in der Schweiz, Bde. XII, XIV, XVI), hrsg. vom Schweizerischen Ingenieur- und Architektenverein, 3 Bde., Zürich 1923–1925. (1. Teil: Südliche Talschaften / 2. Teil: Nördliche Talschaften A / 3. Teil Nördliche Talschaften B)　72 タージ・マハル（アグラ/インド）1631–1653 © Archive Olgiati, Flims 73 インド細密画、1880 頃 © Archive Olgiati, Flims　74 モンテ・アルバン（メキシコ）200–900 © Archive Olgiati, Flims　75 ファテプール・シクリ（インド）1569–1574 © Archive Olgiati, Flims　76 カール・フリードリッヒ・シンケル：「ハーゼンヘーガー通りの暖炉製造業者ファイルナーが焼成煉瓦で施工した屋敷のファサード」と「構想された平面図」、図面出典: K.F. Schinkel, Collected Architectural Designs, Academy Editions, London, 1982　77 列柱宮殿の平面図（ミトラ/メキシコ 1200 頃）　図面出典: Jean Duret aus Henri Stierlin, Das Alte Mexiko, Berlin, 1990　78 マエストロ・リカルド「パラッツォ・デイ・プリオリ」（ヴォルテッラ / イタリア）1208–1254 © Archivi Alinari, Firenze.　写真出典: Giuseppe Delogu, Italienische Baukunst: eine Anthologie vom 11. bis 19. Jahrhundert, Zürich, 1946　79 サンタ・カタリナ修道院（アレキパ / ペルー）1580 © Archive Olgiati, Flims　80 ヴァレリオ・オルジャティの食卓（フリムス/ スイス）© Archive Olgiati, Flims 81 出雲大社本殿（出雲/ 日本）1744　82–86 ヴァレリオ・オルジャティ事務所の図面 © Archive Olgiati, Flims 87–100 ヴァレリオ・オルジャティ事務所の写真 © Archive Olgiati, Flims　いくつかの図版については、徹底的な調査にもかかわらず、版権者が明らかではありませんが、著作権は保護されています。お心当たりのある方はご連絡をお願いいたします。

オルジャティーヴァレリオ・オルジャティ講演録　(原題 Ein Vortrag von Valerio Olgiati)
本書はドイツ語で行われた講演を翻訳したものです。企画：ヴァレリオ・オルジャティ；グラフィックデザイン：ディノ・ジモネット、ブルーノ・マルグレット；プロジェクトコーディネーション：アンドレア・ヴィーゲルマン；監修：国府田大輔；翻訳：戸川英夫；ドイツ国立図書館文献情報；ドイツ国立図書館は本書をドイツ書籍目録に記載しています。；　文献上のデータの詳細は次のインターネットアドレスで参照できます。
http://dnb.d-nb.de　この著作は著作権法に基づき保護されています。これに基づいた諸権利、特に、翻訳、複写、講演、挿図および図表の借用、放送、マイクロフィルム化もしくは他の媒体による複製および情報処理装置への記録の権利は、抜粋した使用であっても留保されています。この著作の複製もしくはその一部の複製は特殊な場合においても、最新の著作権法上に規定された範囲においてのみ許可されます。複製は対価の支払いを原則としています。違背行為は著作権法の罰則規定を免れません。 © 2011 Birkhäuser GmbH, Basel; Postfach, 4002 Basel, Schweiz;　ビルクホイザー社はアクター・ビルクホイザー・グループの出版社です。 Printed in Germany　ISBN 978-3-0346-0786-5, 本書は以下の言語でも出版されています。ドイツ語版 ISBN 978-3-0346-0782-7, 英語版 ISBN 978-3-0346-0783-4, フランス語版 ISBN 978-3-0346-0784-1, イタリア語版 ISBN 978-3-0346-0785-8, スペイン語版 ISBN 978-3-0346-0787-2
9 8 7 6 5 4 3 2 1　www.birkhauser.com